TARIF
DES
DROITS DE DOUANE.

Indépendamment du nouveau Tarif, nous avons conservé, du travail de l'auteur, outre son Recueil des Droits et des Ordonnances des Traites, imprimé en 1786, en 4 volumes in-8° de 1600 pages, les différentes éditions du Tarif depuis 1793, époque où de grands changemens à celui du 15 mars 1791 ont commencé à avoir lieu;

Son ouvrage sur le Commerce des Français aux colonies d'Amérique, dans les possessions françaises au-delà du Cap de Bonne-Espérance, aux côtes d'Afrique et au Levant;

Celui de l'Influence des Douanes sur la prospérité de la France;

Son Dictionnaire de la Législation des Droits de douane.

Sous presse.

Le Dictionnaire des productions de la Nature et de l'Art qui font l'objet du commerce de la France avec l'étranger et ses colonies, et des droits auxquels elles sont assujetties.

TARIF

DES

DROITS DE DOUANE

ET

DE NAVIGATION MARITIME

DE L'EMPIRE FRANÇAIS,

PRÉCÉDÉ

D'UNE NOTICE SUR L'ORIGINE DES DOUANES, LES TARIFS ET LES PRODUITS;

SUIVI d'observations sur tout ce qui a rapport aux perceptions et prohibitions; aux denrées coloniales; aux grains exportés; aux entrepôts et transit; au droit de fabrication sur le tabac, à celui de garantie, et à la taxe sur les sels:

PAR M. MAGNIEN,

Administrateur des Douanes, Membre du Conseil d'Administration de la Société pour l'encouragement de l'Industrie nationale.

A PARIS,

Chez A. BAILLEUL, imprimeur-libraire, éditeur du *Journal du Commerce*, rue Helvétius, n°. 71;

Et à STRASBOURG, chez F.-G. LEVRAULT, imprimeur-libraire.

1808.

NOTICE

Sur les Douanes, les Tarifs et les Produits.

L'ORIGINE des droits de douane, précédemment dits de *traite* (1), se perd dans l'obscurité et dans la barbarie des tems. Ces droits furent originairement le prix de la liberté et de la sûreté que le souverain procura au négociant.

Les Gaules ayant été partagées en différentes peuplades, sous les noms de Goths, Bourguignons, etc., et les bornes de leur territoire ayant été marquées par des bureaux qui en circonscrivaient l'enceinte, on y percevait des droits. Ces bureaux ayant subsisté, s'étant même multipliés sous les 1ere. et 2e. races, on voit que la France a toujours eu des

(1) Le mot *traite*, qui dérive de *trahere*, était fort usité dans l'ancien langage du commerce et des réglemens qui le concernaient; on disait la *traite* hors du royaume et la *traite* au-dedans, pour exprimer l'exportation et l'importation des marchandises : les droits auxquels elles furent assujetties, ont conservé cette dénomination dans la langue fiscale jusqu'au 1er. mai 1791, qu'on a substitué à la dénomination de *traite* celle de *douane*.

*

douanes dans l'intérieur de ses provinces, et que les communications entr'elles n'ont jamais été libres; elles ne pouvaient l'être sous le gouvernement féodal qui divisa la France en une multitude de petites souverainetés particulières, dont les transactions commerciales entr'elles furent soumises à des taxes.

De là, une multitude de droits créés tant à la circulation qu'aux frontières; il existait encore, à la fin de 1790, ceux de douane de *Lyon*, douane de *Valence*, de 4 *pour cent* sur les drogueries et épiceries; de *foraine*; de *table de mer*; de 2 *pour cent d'Arles*; du *denier* Saint-André et *liard* du Baron; de la *patente* du Languedoc; de *foraine* et *traite* d'Arsac; de *gabelle* et *foraine* du Béarn; de *comptablie*; de *convoi*; de *traite* de Charente; de *prévôté* de la Rochelle; de *courtage* à Bordeaux; de *prévôté* de Nantes; de *Brieux* et ports et hâvres en Bretagne; *d'issue foraine, traverse et haut conduit, transit et tonlieu* dans la Lorraine, le Barrois et les Evêchés; de *passage* sur les vins de Lorraine pour le pays Messin; de *péages* d'Alsace, du Rhône, du Paty, de Péronne et autres royaux; *d'abord* et de *consommation;* de *courtage et mesurage* à la Rochelle; *du* 1er. *tonneau de fret*, de *branche de cyprès*, de *quillage*, de *tiers retranché*, de *traite domaniale*, etc.; d'entrée et de sortie des pays conquis, d'entrée et de sortie des cinq grosses fermes, et finalement les droits uniformes.

On sent quelles gênes l'industrie agricole et celle manufacturière devaient éprouver de droits si variés établis tant sur nos relations avec l'étranger, que sur les communications entre certaines provinces (1); droits qui n'avaient aucune proportion avec les facultés des redevables et leurs besoins, et qui fatiguaient par le mode de leur perception, autant que par leur rigueur même, non-seulement les spéculations commerciales mais encore la liberté individuelle; qui rendaient les différentes parties de la France étrangères les unes aux autres (2); resser-

(1) Une marchandise expédiée, par terre, de la Bretagne pour la Provence, était assujettie à huit déclarations, à autant de visites, et acquittait six droits différens. Il en était de même de celles allant de la Flandre et de la Guienne à la même destination; enfin ce qui était enlevé de Toulon pour Brest était arrêté et payait des droits à six différens bureaux; de sorte que les droits de circulation sur une étoffe nationale, excédaient ceux payés sur les étoffes venant d'Angleterre.

(2) Le royaume était partagé, relativement aux droits de *traites*, en trois sortes de provinces; provinces des cinq grosses fermes, provinces réputées étrangères, provinces regardées comme pays étrangers.

Les provinces des cinq grosses fermes étaient celles limitrophes des provinces réputées étrangères, ou de l'étranger, comme l'Anjou, l'Aunis, le Beaujolais, le Berry, le Boulonnais, la Bourgogne-duché, la Bresse, le Bourbonnais, le

raient les consommations, empêchaient nos débouchés au dehors, et nuisaient ainsi à la reproduction et à l'accroissement des richesses nationales. Ces considérations amenèrent les décrets des 30 et 31 octobre 1790, sanctionnés le 5 novembre suivant, qui, en supprimant les droits et tarifs existant, ainsi que les bureaux intérieurs, ordonnèrent que

---

Bugey, la Champagne, la châtellenie de Chantoceaux, la Dombes, le Maine, la Normandie, la Picardie, le Poitou, Thouars et dépendances, et encore l'Isle-de-France, l'Orléanais, le Nivernais, le Perche et la Touraine, situées dans l'intérieur.

Les provinces réputées étrangères étaient l'Angoumois, l'Artois, l'Auvergne, la Basse-Navarre, le Béarn, la Bretagne, le Cambresis, le comté de Foix, le Dauphiné, la Flandre, le Forez, la Franche-Comté, la Gascogne, la Guienne, le Hainault, l'île de Corse, les îles de Rhé et d'Oleron, le Languedoc, le Limousin, le Lyonnais, la Marche, la Provence, à l'exception de Marseille et de son territoire, le Roussillon, le Rouergue, la Saintonge et le Vivarais.

On regardait comme pays étrangers les provinces qui avaient conservé une libre communication avec l'étranger, et qui en tiraient ou lui envoyaient toutes sortes de marchandises, sans être assujetties à acquitter les droits d'aucuns tarifs, même de ceux établis aux entrées et sorties du royaume; tels étaient l'Alsace, la Lorraine, les Trois-Évêchés, le pays de Gex et les ports de Marseille, Dunkerque, Bayonne et Lorient, ainsi que le pays de Labour.

ces divers tarifs et droits (les droits intérieurs étaient au nombre de 35) seraient remplacés par un tarif uniforme dont les droits ne seraient perceptibles qu'aux entrées et sorties du royaume.

Ce tarif, qui porte la date du 15 mars 1791, contenait peu de prohibitions; cependant le produit net des douanes évalué d'après ce tarif, ne figurait dans le rapport du 23 avril suivant, que pour 18 millions par an; il ne s'éleva même, pour cette année, qu'à 16 millions 476 mille francs.

S. M. l'Empereur a su concilier l'intérêt du Trésor public avec celui de nos manufactures: en effet, si, pour la prospérité de celles-ci, il a prohibé l'entrée de tout ce qui pouvait leur porter un préjudice notable, ce qui a diminué considérablement la recette, il a tellement élevé les taxes qui existaient sur les denrées coloniales et sur d'autres objets de consommation, que le produit net des droits de douane et de navigation (ceux-ci ne montent, année commune, qu'à un million 700 mille francs) s'est élevé, pour l'an 1807, à environ 75 millions 500 mille fr., brut, ce qui donne une augmentation de 10 millions sur 1806, dont le produit brut n'est que d'environ 65 millions.

Depuis 1793, il a été fait tant et de si fréquens changemens au Tarif, que souvent la connaissance des droits et des probibitions aurait été impraticable, si, toutes les fois que le nombre des innovations l'a exigé, je ne m'étais empressé de publier un Tarif au courant.

On désirait que je fisse connaître dans la nouvelle édition, ainsi que j'en ai usé dans mon recueil de 1786, la nature, l'origine, l'usage et le signe de reconnaissance de chaque marchandise : mais des indications trop sommaires auraient été insuffisantes, notamment pour les drogueries et les épiceries; il me paraissait d'ailleurs important de donner sur beaucoup de substances, les développemens dont elles étaient susceptibles : j'ai pensé, en conséquence, que je devais en faire l'objet d'un Dictionnaire particulier, qui suivrait de près l'édition du Tarif.

M. Deu, receveur à Rouen, a rendu intéressant ce Dictionnaire, tant en joignant son travail au mien, et en se chargeant de la révision du tout, qu'en y ajoutant un vocabulaire de termes techniques employés dans les descriptions. Cet ancien membre de l'Académie d'Amiens et directeur de son Jardin de Botanique, a toujours été animé d'un grand zèle pour le progrès des sciences; on en trouve la preuve dans l'Encyclopédie par ordre de matières, où sont ses tableaux sur les manufactures et arts, et sur les cuirs et pelleteries. On voit aussi, page 34 du premier volume d'un ouvrage de M. Dumont-Courset, qui a paru en 1802 sous le titre de

Botaniste-Cultivateur, que cet ancien directeur des fermes et douanes à Amiens et Boulogne, a fait plusieurs parties intéressantes de ce travail.

Celui que j'annonce aura pour titre : *Dictionnaire des productions de la nature et de l'art, qui font l'objet du commerce de la France avec l'étranger et ses colonies, et des droits auxquels elles sont assujetties.* Les personnes qui l'attendent sont prévenues qu'il va être mis sous presse.

Produit net des droits de douane, auquel sont ajoutés pour l'an 5 et les années suivantes, ceux de navigation maritime.

	1791	16,476,875 fr.
	1792	12,622,141
An	5	15,317,934
	6	12,413,250
	7	9,532,370
	8	14,064,318
	9	18,806,055
	10	30,941,024
	11	36,924,900
	12	41,485,621
	13	52,725,918
	14. (3 mois, 10 jours.)	9,392,387
	1806	51,727,288
	1807 (brut) environ	75,500,000

SELS.

La recette brute des droits sur les sels, pour la perception confiée à l'administration des douanes, a été, en 1807, d'environ 32 millions.

Explication relative aux denrées coloniales étrangères sortant.

Les denrées coloniales étrangères qui ont été mises en entrepôt, et que l'on réexporte par mer, ne payent pour cette réexportation que le droit de balance.

On ne pourrait les expédier pour l'étranger, par terre, qu'après avoir acquitté les droits d'entrée; elles doivent encore le droit de balance.

Cette explication était nécessaire pour éviter toute équivoque qui aurait pu résulter de la manière dont on s'est exprimé page 75, ligne 13, où l'on pourrait surabondamment ajouter, après les mots *ou par terre*, ceux-ci, *après que les droits d'entrée ont été acquittés.*

TARIF
DES DOUANES
DE
L'EMPIRE FRANÇAIS.

DROITS D'ENTRÉE, et quotité de ces droits, non compris le décime par franc.

Nota. Quand il n'est point énoncé que le droit sera perçu à la valeur, au nombre, à la mesure ou à la livre, il est dû au quintal décimal, composé de dix myriagrammes, qui font 204 livres ancien poids, ou cent kilogrammes.

Par *livre*, on doit entendre une livre métrique, et par *once*, une once métrique ou un hectogramme.

Le droit est dû au brut, si le mot *net* n'est point exprimé.

On cite le titre de la perception, de l'affranchissement ou de la prohibition, lorsqu'il est postérieur au tarif du 15 mars 1791.

La lettre (B) indique les marchandises qui, d'après la loi du 24 nivose an 5, paient, au choix du redevable, 15 centimes par 100 francs de valeur, ou 51 centimes par quintal décimal.

Les objets tirés à *néant* sont absolument exempts de droits.

A.

	ENTRÉE fr.	c.
Absynthe, (extrait d') (*Lettre du 5 thermidor an 12.*) (Comme liqueur.)		
Absynthe, herbe		51
Acacia, drogue	12	24
Acaja, ou Prunes de Montbain	2	4
Acajou, (noix d')	3	6
Acier non ouvré et acier fondu. (*Loi du 30 avril 1806.*)	9	
Acier en feuilles ou en planches. (*Loi du 1er. août 1792.*) à la valeur	10 p. %	
Acier autrement ouvré. (V. Ouvrages.)		
Acorus vrai ou faux	3	6
Æs-ustum ou Cuivre brûlé	3	6

ENTRÉE.

	fr.	c.
Agaric, autre que celui ci-après...............	8	16
Agaric entrochique.........................	15	30
Agnus castus (graine d').....................	4	8
Agraffes de fer (*Lettre du* 13 *brumaire an* 6), comme omis au tarif : à la valeur...........	10 p. %	
Agrès ou Apparaux de navires : à la valeur......	10 p. %	
Aigle, (pierre d')............................	2	4
Aigre, Esprit ou Huile de vitriol, ou Acide vitriolique, (*Loi du* 1er. *août* 1792).............	20	40
Aiguilles (à Mercerie).		
Ail..		51
Aimant, (pierre d').........................	2	4
Airain, (V. Bronze.)		
Alana, Craie et Tripoli de toutes sortes........	1	2
Albâtre....................................	(B)	
Alizari (V. Garance sèche.)		
Alkecange, bayes et feuilles,..................	2	4
Alkerme ou Écarlate.........................	1	2
Allière (graine d')...........................	1	2
Allumettes..................................	1	22
Aloës. (*Loi du* 30 *avril* 1806.) au net............	100	
Alpagattes, ou Souliers de corde, les 12 paires...	1	50
Alpiste ou Millet............................	1	2
Alquifoux..................................	1	2
Alun, excepté celui ci-après..................		51
Alun brûlé ou calciné........................	30	60
Amadou....................................	6	12
Amandes cassées (*Circ. du* 22 *ventose an* 13) (Comme celles en coque.)		
Amandes en coque. (*Loi du* 30 *avril* 1806.)...	10	
Ambre gris et liquide, la liv. net.............	30	60
Ambre jaune ou Carabé.......................	18	36
Ambrette ou Abelmosc........................	5	10
Amiante....................................		51
Amidon....................................	10	20
Ammomum Racemosum ou Verum.............	15	30
Ammoniac. (V. Sel.)		
Ammy......................................	4	8
Amurca ou Marc-d'Olives.....................	(B)	
Anacardes..................................	6	12
Anatrum ou Natrum, Écume de verre..........	(B)	
Anchois....................................	18	36
Ancres de fer...............................	3	6
Anes ou Anesses, la pièce....................		25
Angélique, (graine, racine et côte d').........	8	16
Anguilles marinées, (*Circul. du* 13 *octobre* 1807) (Comme poisson de mer.)		

	ENTRÉE.	
	fr.	c.
Anis étoilé, Badiane ou Anis de la Chine. (*Loi du 30 avril* 1806.) au net........................	75	
Anis verd, (graine ou semence d') (*Même loi.*).	18	
Antale ou Antalium, coquillage..............	3	6
Antimoine cru..............................	3	6
Antimoine préparé..........................	8	16
Antolphe de girofle........................	30	60
Antore ou Antora...........................	2	4
Apocin (graine d')........................		51
Appios ou fausse Angélique.................	5	10
Arbres en plants...........................	(B)	
Arcanson. (Comme Brai sec.)		
Arco ou Potin gris.........................	9	18
Ardoises ordinaires, (*Loi du 30 avril* 1806.) le mille en nombre........................	7	50
Ardoises en table, (*Même loi.*) le cent en nomb.	30	
Aréca ou Aréque............................	5	10
Argent faux ou Cuivre argenté...............	102	
Argent faux en lames, en feuilles, trait ou battu..	102	
Argent faux, filé sur fil ou filé faux...........	163	20
Argent faux, filé sur soie. (Prohibé.)		
Argent fin en trait, en lame, en feuilles, battu et filé, la livre net..........................	24	48
Argent en masse, en lingots, en espèces monnoyées et argenterie cassée.....................	(B)	
Argenterie de toutes sortes, sauf celle ci-après, la livre net..............................	24	48
Argenterie vieille, quelle qu'en soit l'origine. (*Loi du 1er. août* 1792.)......................	(B)	
Argenterie neuve, au poinçon de France, revenant de l'étranger, (*Même loi*)............	(B)	
Argent vif ou Mercure. (*Loi du 30 avril* 1806.) au net..................................	60	
Argentine, (graine)........................	1	2
Argile ou Terre glaise......................	(B)	
Aristoloches................................	3	6
Armes blanches. (*Loi du 8 floréal an* 11.)....	200	
Armes à feu................................	73	44
Arsenic. (*Loi du 30 avril* 1806.).............	7	50
Asclepias ou Contrayerva blanc..............	8	16
Aspalatum. (V. Bois d'Aloës.)		
Asphaltum ou Bitume de Judée...............	10	20
Assa-fœtida ou Stercus diaboli. (*Loi du 30 avril* 1806)................................	25	
Avelanède ou Valanède......................	(B)	
Avelines ou Noisettes. (V. Fruits.)		

ENTRÉE.	fr.	c.
Avirons de bateaux, le cent en nombre........	1	
Aulne, (écorce d')........................	(B)	
Aulnée ou Enula-campana, (racine d')........		51
Avoine, (gruau ou farine d')................	3	6
Autour....................................	20	40
Autruche, (poil, ploc et duvet d')...........	(B)	
Azarum....................................	1	2
Azur de roche fin, ou Lapis lazuli, au net	122	40
Azur en poudre ou en pierre. (*Loi du* 30 *avril* 1806.) (Par azur en pierre, on entend le smalt.)	20	

B.

	fr.	c.
Baies de laurier............................	1	53
Balais de bouleau et autres communs : à la valeur..	5 p. %	
Balais de millet. (*Loi du* 1er *août* 1792.) même droit.		
Balaustes fines et communes................	5	10
Baleine coupée et apprêtée..................	61	20
Baleine en fanons..........................	30	60
Balles de paume............................	12	24
Bambous : à la valeur......................	12 p. %	
Bandes de roues. (*Loi du* 1er. *août* 1792.) (Comme Fer en verges.)		
Bandoulières ou Baudriers. (*Loi du* 10 *brumaire an* 5. (Prohibés.)		
Bangue....................................	6	12
Barbotine. (V. Semen Contra.)		
[illegible] et Barbançons. (*Loi du* 1er. *août* 1792.) (Comme Poterie de terre.)		
Bardanne, (racine de).....................		51
Bas de fil, de laine, de soie ou autres matières. (Prohibés comme Bonneterie.)		
Basins de toute espèce. (*Loi du* 10 *brumaire an* 5.) (Prohibés.)		
Batistes. (V. Linons.)		
Bâts, selles grossières, la pièce...............		50
Bateaux, barques, canots et autres bâtimens de mer, hors d'état de servir................	(B)	
Bateaux du Rhin, neufs : à la valeur..........	10 p. %	
Bâtimens de mer en état de servir. (*Loi du* 19 *mai* 1793.) à la valeur....................	2 ½ p. %	
Battefeux (à Mercerie.)		
Battin non ouvré............................	(B)	

	fr.	c. ENTRÉE.
Battin ouvré. (*Lettre du* 6 *février* 1806.) (Comme cordages de jonc et de tilleul.)		
Baume du Canada, la livre net................	1	2
Baume de Copahu. (*Loi du* 30 *avril* 1806.) La livre net..............................	1	50
Baume du Pérou. (*Même loi.*) La livre net.....	6	
Baume de Tolu et de la Mecque, la livre net....	2	55
Baume de Riga. (C'est de l'eau-de-vie distillée sur des plantes vulnéraires.) (*Lettre du* 20 *janvier* 1806.) Comme droguerie omise : à la valeur...	20 p. %	
Bedelium	12	24
Ben, (noix de)............................	12	24
Benjoin. (*Loi du* 30 *avril* 1806.) au net........	60	
Besoard ou Pierre de fiel, au net............	122	40
Bestiaux consistant en agneaux, béliers, bœufs, boucs, bouvillons, brebis, cabris, chevreaux, chèvres, cochons, génisses, moutons, taureaux, vaches et veaux. (*Lois des* 15 *mars* 1791 *et* 24 *nivose an* 5.)........................	*néant.*	
Bétel, (feuilles de)........................	20	40
Beurre frais	(B)	
Beurre salé et fondu. (*Loi du* 19 *mai* 1793.)...	(B)	
Beurre de cacao. (V. Huile.)		
Beurre de nitre et de salpêtre................	6	12
Beurre de pierre. (V. Kamine mâle.)		
Beurre de Saturne	5	10
Bierre, (les deux hectolitres, 68 litres $\frac{1}{10}$, équivalant au muid de Paris de 144 pots, formant 288 pintes.) (*Loi du* 30 *avril* 1806.)........	15	
Bijouterie de toutes sortes : à la valeur.........	12 p. %	
Bimbloterie. (*Loi du* 30 *avril* 1806.)	80	
Biscuit de mer	(B)	
Bismuth ou Etain de glace..................	2	4
Bisnague ou Visnague, (taille de)............	12	24
Bistorte	1	53
Bistre....................................	1	53
Bitumes, autres que ceux dénommés au présent tarif.	2	4
Blanc à l'usage des femmes.................	48	96
Blanc de plomb en écaille..................	12	24
Blanc de baleine..........................	30	60
Bleu minéral, dont le cuivre fait la base, (*Lettre du* 23 *juillet* 1807) comme omis : à la valeur.....................................	10 p. %	
Bleu de Prusse............................	61	20
Bois à bâtir et à brûler.....................	(B)	
Bois de buis..............................	2	4
Bois de construction navale et civile..........	(B)	

ENTRÉE.

	fr.	c.
Bois d'éclisses pour tamis, sceaux, cribles, etc. : à la valeur	5 p. %	
Bois feuillards pour cercles ou lattes, etc., le mille en nombre		25
Bois merrain	(B)	
Bois de miroirs non enrichis (à Mercerie).		
Bois ouvrés de toutes sortes : à la valeur	15 p. %	
Bois en planches et madriers, sauf l'exception ci-après. (*Loi du* 1er. *août* 1792.)	(B)	
Bois sciés, importés par les départemens de la Lys, de l'Escaut et des Deux-Nèthes : (*Loi du* 19 *thermidor an* 4.) à la valeur	10 p. %	
Bois à tan	(B)	
Bois d'acajou. (*Loi du* 30 *avril* 1806.)	25	
Bois de gayac en bûches. (*Loi du* 1er. *août* 1792.)	(B)	
Bois de marqueterie. (*Loi du* 8 *floréal an* 11.)	15	
Cette classe comprend le bois de Cayenne ou bois satiné de Ferrolle. (*Décision du* 16 *pluviose an* 11.) Le bois de Palixandre. (*Lettre du* 24 *messidor an* 13.) Le bois Rouge. (*Lettre du* 20 *janvier* 1806.)		
Bois de teinture, en bûches ou éclisses	(B)	
Le bois de Santal rouge y est compris. (*Lettre du* 7 *mai* 1806.)		
Bois de teinture moulus. (*Loi du* 9 *floréal an* 7.)	10	
Bois à l'usage de la Médecine et des Parfumeurs; savoir :		
Bois d'Aloës ou Aspalatum	40	80
Bois de baume ou Xilo-balsamum	40	80
Bois de Crable ou de Girofle	30	60
Bois néphrétique, au net	51	
Bois de Rhodes	10	20
Bois de Santal citrin	20	40
Bois tamaris	15	30
Boîtes de bois blanc	15	30
Boîtes ferrées, boites de sapin peintes. (à Mercerie.)		
Boîtes ou tabatières de carton ou de papier	183	60
Boîtes de cuir. (*Loi du* 10 *brumaire an* 5.) (Prohibées.)		
Bol d'Arménie	4	8
Bonneterie de toute espèce. (*Lois des* 1er. *mars* 1793 *et* 10 *brumaire an* 5.) (Prohibée.)		
Borax brut. (*Loi du* 30 *avril* 1806.)	25	

	fr.	c. ENTRÉE.
Borax raffiné. (*Loi du* 30 *avril* 1806.) au net.....	90	
Bouchons de liége. (*Même loi.*)..............	36	
Boucles de cuivre. (*Loi du* 10 *brumaire an* 5.) (Prohibées.)		
Boucles de fer, (*Décision du* 6 *nivose an* 7.) (Comme Mercerie commune.)		
Bougettes. (à Mercerie.)		
Bougies de spermacéty ou blanc de baleine......	61	20
Bougran, (V. Toile gommée.)		
Boules de mail..............................	8	16
Boules de terre............................	(B)	
Bourdaine...................................	(B)	
Bourgeons de sapin..........................	1	55
Bourre ou ploc de toutes sortes..............	(B)	
Bourre rouge et autres à faire lit; bourre nolisse ou nalisse; bourre tontisse et bourre de chèvre.	(B)	
Bourses de cuir, de fil et de laine, (à Mercerie.)		
Boutargue..................................	6	12
Bouteilles de grès. (*Loi du* 1er. *août* 1792.) (Comme Poterie de terre.)		
Boutons de toute espèce, sauf les exceptions ci-après. (*Lois des* 1er. *mars* 1793 *et* 10 *brumaire an* 5.) (Prohibés.)		
Boutons de coco. (*Décision du* 7 *germinal an* 5.) (Comme Mercerie commune.)		
Boutons de manches d'étain et autres métaux communs. (à Mercerie.)		
Brai gras. (*Loi du* 30 *avril* 1806.)............	3	
Brai sec (*Même loi.*)........................	3	
Brides et bridons. (*Loi du* 1er. *août* 1792.) (Comme Harnais.)		
Briques, tuiles, ou carreaux de terre, le mille en n.		75
Briquets limés. (à Mercerie.)		
Bronze ou Airain, et tout métal non ouvré allié de cuivre, d'étain ou de zinc..................	12	24
Bronze en vieux canons. (*Décision du* 1er. *complémentaire an* 12.) (Comme Cuivre en rosette, mitraille et lingots.)		
Bronze ouvré. (*Loi du* 10 *brumaire an* 5.) (Prohibé.)		
Brosserie. (à Mercerie.)		
Brou ou écorce de noix......................	(B)	
Bruyères à faire vergettes...................		51
Brun rouge ou Rouge brun....................		51
Burails et Crêpons de Zurich. (*Décision du* 28 *brumaire an* 9.)............................	142	80

ENTRÉE.

C.

	fr.	c.
CACAO. (*Loi du* 30 *avril* 1806.) au net.........	200	
Cacao, (épluchures de) (*Lettre du* 22 *septembre* 1806) (Comme Cacao.)		
Cacao, (pelures de) (*Lettre du* 3 *juillet* 1807) comme droguerie omise : à la valeur........	20 p. %	
Cachou (suc de)...........................	24	48
Cadrans d'horloges et de montres. (à Mercerie.)		
Café. (*Loi du* 30 *avril* 1806.) au net...........	150	
Caillou à faïence ou porcelaine................	(B)	
Calagnala, (racine de) (*Lettre du* 30 *juillet* 1807) comme droguerie omise : à la valeur........	20 p. %	
Calamine ou Cadmine.......................	(B)	
Calamine blanche. (V. Pompholix.)		
Calamus verus, aromaticus ou amarus.........	4	59
Calcantum, ou Vitriol rubifié colchota..........	4	59
Calebasse de terre, plante....................	1	2
Calebasse, courge vidée et séchée.............	6	12
Camomille, (fleurs de)......................	6	12
Camphre. (*Loi du* 30 *avril* 1806.) au net.......	100	
Canelle blanche. (V. Costus doux.)		
Canelle de Ceylan, la liv. net................	3	6
Canelle commune, la liv. net................	1	53
Canéfice, n'est autre chose que la casse. (V. Casse.)		
Cannes ou joncs non montés. (V. Joncs pour cannes.)		
Canons de bronze vieux. (V. Bronze.)		
Cantharides, (mouches).....................	30	60
Caparaçons pour chevaux, (*Loi du* 1er. *août* 1792) (Comme Harnais.)		
Capillaires.................................	6	12
Câpres. (V. Fruits.)		
Câprier, (racine de)........................	6	12
Carabé. (V. Ambre jaune.)		
Caractères d'imprimerie en langue française.....	81	60
Caractères en langues étrangères.............	40	80
Caractères vieux d'imprimerie, en sac ou bloc....	(B)	
Cardamomum, au net.......................	61	20
Cardes à carder...........................	9	18
Caret. (V. Écaille de Tortue.)		
Carline ou Caroline, ou Caméléon.............	4	8
Carmin fin, la livre.........................	28	56
Carmin commun...........................	16	32
Carpobalsamum...........................	12	24

	fr.	c. ENTRÉE.
Carreaux de pierres	(B)	
Carreaux de terre. (V. Briques.)		
Carreaux de terre vernis. (*Décision du* 16 *octobre* 1806.) (Comme Poterie de terre grossière)		
Carrobe ou Carrouge		51
Cartami (graine de)	3	6
Cartes géographiques : à la valeur	5 p. %	
Cartes à jouer. (*Lois des* 15 *mars* 1791 *et* 9 *vendémiaire an* 6.) (Prohibées.)		
Cartons de toutes espèces (Ce qui comprend les Cartons en feuilles propres à l'apprêt des draps.)	48	96
Cartons gris ou pâtes de papier	(B)	
Carvi ou Carvi semen	6	12
Casse ou Canéfice. (*Loi du* 8 *floréal an* 11.)	9	
Casse confite	30	60
Cassia lignea. (*Loi du* 8 *floréal an* 11.) (Comme Canelle commune.)		
Castine	(B)	
Castoreum, au net	91	80
Catapuce ou Palma-Christi	6	12
Ceintures de laine. (*Décision du* 3 *vendémiaire an* 13.) (Prohibées comme Bonneterie.)		
Cendres à l'usage des manufactures, comme Cendres communes, d'orfèvre et de chaux	(B)	
Cendres bleues et vertes, à l'usage des peintres, au net	81	60
Cendres de bronze	6	12
Cercles de fer dont sont revêtues les futailles vides. (*Lettre du* 24 *frimaire an* 13.) à la valeur	10 p. %	
Cerf (os de cœur de)	20	40
Cerf (moëlle, nerf, vessie de)	6	12
Cerf (esprit, sel, huile de)	6	12
Cerf (cornes rapées de)	4	8
Céruse en pain et en poudre. (*Loi du* 30 *avril* 1806.)	12	
Céterac, espèce de capillaire	1	2
Cévadille (graine de)	4	8
Chaînes de fer. (grosses) (*Loi du* 1er. *août* 1792.) (Comme ouvrages de Serrurerie.)		
Chairs salées. (*Loi du* 19 *mai* 1793.)	(B)	
Chaises communes en bois, (*Lettre du* 23 *février* 1807.) (Comme ouvrages en bois.)		
Champignons secs	30	60
Chandelles de suif	6	12
Chanvre, même apprêté ou en filasse	(B)	
Chapeaux anglais, (*Loi du* 10 *brumaire an* 5.) (Prohibés.)		

ENTRÉE. fr. c.

	fr.	c.
Chapeaux non anglais, savoir :		
de castor et demi-castor, la pièce........	6	
de toute espèce, en poil commun ou laine, la pièce....................	5	
de paille. (*Loi du* 30 *avril* 1806.) la douzaine.........................	8	
d'écorce de bois (1). (*Même loi.*) la douz.	5	
de crin, la douzaine................	2	50
Chapeaux de cuir. (*Loi du* 10 *brumaire an* 5.) (Prohibés.)		
Chapeaux marc de rose		51
Chapelets de bois et de rocailles. (à Mercerie.)		
Chapes de boucles de fer ou d'acier, (*Loi du* 10 *brumaire an* 5.) (Prohibées.)		
Charbon de bois et de chenevotte.............	(B)	
Charbon de terre. (*Loi du* 8 *floréal an* 11.) Le tonneau de 10 quint. 77 liv., importé par l'Océan, de Saint-Jean-de-Luz aux Sables-d'Olonne, inclusivement	8	
des Sables-d'Olonne à Rhedon, inclusivement	10	
de Rhedon à Tréport, inclusivement.......	8	
de St.-Valery-sur-Somme jusqu'à l'Authie exclusivement	10	
de l'Authie à Anvers.................	15	
Par tous les ports de la Méditerranée........	10	
Ces droits doivent être perçus par tonneau, lorsque la totalité du chargement est en charbon ; et d'après la pesée réelle, à raison de 10 quintaux 77 liv. pour un tonneau, si le navire est chargé de marchandises sujettes à différens droits. (*Loi du* 1er. *août* 1792.)		
Charbon de terre importé par terre, le baril de 120 liv. (*Loi du* 19 *mai* 1793)...............		10
Chardons à drapiers et bonnetiers.............	(B)	
Chaux à brûler, le mètre cube.................		30
Chevaux, excepté ceux ci-après. (*Loi du* 16 *avril* 1793.)..................................	(B)	
Chevaux anglais. (*Arrêté du* 13 *thermidor an* 9.) (Prohibés.)		
Cheveux. (*Loi du* 1er. *août* 1792.)...............	(B)	
Chicorée moulue, (*Circulaire du* 6 *ventose an* 13.) comme droguerie non dénommée : à la valeur.....................................	20 p. %	

---

(1) Le droit porte sur la réunion de la *coque* et du *plateau*; ainsi douze *coques* et douze *plateaux* ne forment qu'une douzaine de chapeaux. (*Décision du* 17 *ventose an* 10.)

	fr.	c. ENTRÉE.
Chicotins. (*Lettre du 15 thermidor an 9.*) (Prohibés comme ouvrages en peaux.)		
Chiens de chasse, la pièce..................		50.
Chocolat. (*Loi du 30 avril 1806.*) au net......	260	
Ce droit est commun au cacao broyé et en pâte. (*Circulaire du 24 mars 1806.*)		
Chouan ou Couan..........................	51	
Choux-croûte.............................	4	8
Cidre, le muid de Paris. (2 hectolitres, 68 litres $\frac{1}{10}$e.)	6	
Ciment..................................	(B)	
Cinabre naturel et artificiel..................	20	40
Cire blanche non ouvrée.....................	61	20
Cire blanche ouvrée........................	81	60
Cire jaune non ouvrée......................	6	12
Cire jaune ouvrée..........................	48	96
Cire à cacheter...........................	97	92
Cire à gommer, à l'usage des tapissiers.........	12	24
Cire pour souliers..........................	61	20
Citouard. (V. Zédoaire.)		
Civette, la liv. net.........................	122	40
Cloches, clochettes, mortiers de fonte et de métal. (*Loi du 10 brumaire et décision du 27 ventose an 5.*) (Prohibés.)		
Cloportes................................	30	60
Clous, autres que ceux de cuivre tarifés à cuivre, (*Loi du 10 brumaire.*) (Prohibés.)		
Cobalt ou Cobolt...........................	2	4
Cochenille, même en grabeau.................	4	8
Coco (noix de)............................	12	24
Coco (coques de)..........................	(B)	
Coffres non garnis (à Mercerie.)		
Colles, excepté celle ci-après.................	12	24
Colle de poisson. (*Loi du 30 avril 1806.*) au net..	80	
Colliers de perles et de pierres fausses. (à Mercerie.)		
Colophone ou Colophane, espèce de résine. (Comme Brai.)		
Coloquinte...............................	6	12
Compas. (à Mercerie.)		
Confections de toutes sortes. (Prohibées.)		
Confitures de toutes sortes. (*Loi du 8 floréal an 11.*)	70	
Contrayerva..............................	10	20
Contrayerva blanc. (V. Asclépias.)		
Coques du Levant..........................	8	16
Coquillages et autres morceaux d'histoire naturelle.	(B)	
Coquillages de mer. (*Loi du 1er. août 1792.*)....	(B)	
Coquilles de nacre. (V. Nacre.)		
Corail non ouvré, en fragmens................	20	40

	fr.	c.
Corail ouvré : à la valeur……………………	15 p.	%
Corail en poudre. (Prohibé.)		
Corail de jardin. (V. Poivre.)		
Coraline ou mousse marine………………	4	8
Cordages de chanvre. (*Loi du* 30 *avril* 1806)….	15	
La ficelle et tous autres ouvrages de corderie sont compris sous cette dénomination. (*Circulaire du* 23 *pluviose an* 13, *et Lettre du* 21 *mars* 1807.)		
Cordages de jonc et de tilleul. (*Loi du* 30 *avril.*)	4	
Cordages usés………………………	(B)	
Cordes à violons. (*Loi du* 1er. *août* 1792.) (Comme Mercerie fine.)		
Cordonnets de fil. (*Même loi.*) (Comme Rubans de fil.)		
Cordonnerie. (ouvrages de) (*Loi du* 10 *brumaire an* 5.) (Prohibés.)		
Cordons de laine et de fil de chèvre mêlés. (V. Rubans.)		
Coriandre (graine de)……………………	1	53
Coris ou Cauris………………………	(B)	
Cornes de bœufs ou de vaches, le mille en nombre.		25
Cornes de cerf et de snack………………	2	55
Cornes de cerf rapées. (V. Cerf.)		
Cornes de moutons, beliers, et autres communes, ce qui comprend les cornes rapées ou clapons…	(B)	
Cornes rondes à faire peignes…………	3	6
Cornes brûlées et ébauchées pour manches de couteaux. (*Loi du* 1er. *août* 1792.) (Comme celles rondes.)		
Cornes plates à faire peignes. (*Loi du* 8 *floréal.*)	24	
Cornes en feuillets transparens, (*Même loi.*) par cent quatre feuillets :		
de 19 à 24 centimètres de longueur, sur 19 à 22 de largeur……………………	8	
de 14 à 16 centimètres *idem*, sur 11 à 14 *idem*.	6	
de 11 à 14 centimètres *idem*, sur 11 *idem*……	4	
de 11 centimètres et au-dessous *idem*, sur 11 et au-dessous *idem*……………………	3	
Cornes de licorne, la livre………………	6	12
Cornets à jouer, de corne ou de cuir. (à Mercerie.)		
Cornichons confits……………………	8	16
Costus indicus et amarus, au net…………	122	40
Costus doux ou canelle blanche…………	8	16
Coton (graine de)……………………	(B)	
Coton en laine. (*Loi du* 30 *avril* 1806.) au net…	60	
Cotons filés. (*Même loi.*) la livre…………	7	

	fr.	c.	ENTRÉE.
Cotons filés pour mèches. (*Loi du* 30 *avril.*) (Prohibés.)			
Couffins de palme. (*Lettre du* 6 *février* 1806.) (Comme cordages de jonc et de tilleul.)			
Couleurs à peindre, de toutes sortes, en sacs, en vases, en boîtes et en tablettes..............	14	28	
Couperose blanche.........................	15	30	
Couperose ou vitriol bleu....................	15	30	
Couperose verte. (*Loi du* 1er. *pluviose an* 13)...	20		
Coutellerie. (ouvrages de) (*Loi du* 10 *brumaire.*) (Prohibés.)			
Coutils..................................	81	60	
Pour ceux dans lesquels il entre du coton, voyez Toiles de coton.			
Couvertures de soie, de filoselle et fleuret........	204		
Couvertures de coton et de fil et coton (*Loi du* 30 *avril* 1806.) (Prohibées.)			
Couvertures de laine. (*Décisions des* 7 *messidor an* 5 *et* 3 *vendémiaire an* 13.) (Prohibées.)			
Couvertures de ploc, et autres basses matières...	48	96	
Crasse de cire.............................	3	6	
Crasse ou Pierre de sel. N'est autre chose que l'Anatrum. (V. ce mot.)			
Craie. (V. Alana.)			
Crayons en pastel et autres de toute sorte.....	10	20	
Crayons noirs.............................	1	2	
Crême ou cristal de tartre...................	9	18	
Crêpes de soie, sauf ceux ci-après, la pièce de 11 mèt. 88 cent..........................	9		
Crêpes de soie de toute sorte, venant du royaume d'Italie, avec certificat du fabricant, visé par le Préfet ou sous-Préfet, et à la charge d'entrer par le bureau de Verceil ou celui de Casatisme. (*Loi du* 7 *septembre* 1807.) la pièce de 11 mèt. 88 centimètres..........................	3		
Crêpons. (V. Burails.)			
Creusets d'orfèvres et ceux propres aux monnaies. (*Loi du* 1er. *août* 1792.) (Comme Poterie de terre.)			
Cricqs. (*Lettre du* 14 *mai* 1807) (Prohibés comme ouvrages en fer.)			
Crin. (*Loi du* 30 *avril* 1806.)................	12		
Cristal de roche non ouvré..................	30	60	
Cristal de roche ouvré. (*Loi du* 10 *brumaire an* 5.) (Prohibé.)			
Cruches de grès. (*Loi du* 1er. *août* 1792.) (Comme Poterie de terre.)			
Cubèbe, ou poivre à queue................	4	8	

	fr.	c.
Cuillers d'étain. (à Mercerie.)		
Cuir bouilli. (*Loi du* 10 *brumaire.*) (Prohibé.)		
Cuirs dorés et argentés pour tapisseries. (*Même loi.*) (Prohibés.)		
Cuirs secs et en poils. (V. Peaux.)		
Cuirs tannés, corroyés ou apprêtés, ouvrés ou non ouvrés. (*Loi du* 10 *brumaire.* (Prohibés.) On en excepte les Vaquettes ou demi-semelles de Lisbonne, qui, n'ayant reçu qu'une légère main-d'œuvre, sont admissibles en payant 10 pour cent de la valeur. (*Décision du ministre de l'intérieur*, *du* 19 *décembre* 1806.)		
Cuivre rouge brut, fondu en gâteau ou plaque, lingot, rosette et mitraille rouge de toute espèce..........	(B)	
Cuivre rouge en flaons pour les monnaies. (*Loi du* 19 *mai* 1793)............................	(B)	
Cuivre en chandeliers, flambeaux, mouchettes, tire-bouchons et autres ouvrages de même espèce. (à Mercerie.)		
Cuivre laminé pour doublage de vaisseaux et à fond de chaudière, barres à cheville, clous de cuivre rouge durcis au gros marteau, clous de cuivre allié pour doublage et pentures de gouvernail. (*Loi du* 8 *floréal an* 11.)...........	75	
Cuivres ouvrés de toutes autres espèces que ceux ci-dessus. (*Loi du* 10 *brumaire.*) (Prohibés.)		
Cuivre jaune en mitraille. (*Loi du* 1er. *août* 1792) (Comme Cuivre rouge brut.)		
Cumin..................................	2	4
Curcuma. (V. Terra-merita.)		
Cyperus. (V. Souchet.)		

D.

	fr.	c.
Dattes. (V. Fruits.)		
Daucus, (graine de) ou semen-dancy.........	10	20
Dégras de peaux..........................	10	20
Dentelles de fil et de soie. (*Loi du* 30 *avril* 1806.) par mètre..............................	2	
Dentelles d'or fin, la liv. net..............	122	40
Dentelles d'argent fin, la liv. net............	81	60
Dentelles d'or et d'argent faux, la liv. net......	24	48
Dentelles grossières de fil. (*Loi du* 30 *avril* 1806.) par mètre..............................		10
Dents d'éléphant. (V. Ivoire.)		

	fr.	c. ENTRÉE.
Dents de Loup, (V. Loup.)		
Derle ou terre de porcelaine....................	(B)	
Dessins à la gouache, (*Lettre du* 27 *février* 1807.) (Comme Tableaux.)		
Dez à coudre, autres que d'or et d'argent, et dez à jouer. (à Mercerie.)		
Dibidivi..................................	(B)	
Dictame ou Radix dictami, en feuilles..........	4	8
Dominoterie. (à Mercerie.)		
Dragées de toutes sortes......................	50	60
Draps de laine, de coton et de poil, ou mélangés de ces matières. (*Loi du* 10 *brumaire an* 5.) (Prohibés.)		
Drogueries non dénommées au tarif. (*Loi du* 30 *avril* 1806) à la valeur....................	20 p. %	
Duvet. (*Même loi.*).........................	100	

E.

	fr.	c. ENTRÉE.
Eau de cerise. (V. Kirschwaser.)		
Eau-de-vie, autre que de vin. (Prohibée.)		
Eau-de-vie simple, (*Loi du* 30 *avril* 1806.) le litre.		20
Eau-de-vie double et rectifiée, au-dessus de 22 degrés jusques et compris 32. (*Même loi.*) le litre.		40
Eau-de-vie au-dessus de 32 degrés. (V. Esprit de vin.)		
Eau-de-vie d'Andaye. (*Loi du* 1er. *août* 1792.) (Comme Liqueur.)		
Eau-forte. (*Même loi.*)......................	20	40
Eaux minérales, sauf le droit sur les bouteilles...	(B)	
Eaux médicinales et de senteur, au net..........	61	20
Eau de fleur d'orange. (*Loi du* 1er. *août* 1792.) (Comme Eau médicinale.)		
Ecaille d'ablette..............................	2	4
Ecaille de tortue. (*Loi du* 30 *avril* 1806).......	120	
Ecarlatte, (graine d')........................	1	2
Echalats. (*Lettre du* 26 *germinal an* 10.) (Comme Bois feuillards pour cercles et lattes.)		
Echantillons de gants et de bas de soie dépareillés, et n'excédant pas le nombre de trois. (*Loi du* 1er. *août* 1792.).......................	(B)	
Ecorce de bois pour chapeaux de femme. (*Lettre du* 18 *prairial an* 13.) à la valeur............	10 p. %	
Ecorce de câprier.............................	6	12
Ecorce de citrons, d'oranges et bergamottes.....	8	16

ENTRÉE.

	fr.	c.
Ecorce de coutilawan	12	24
Ecorce de gayac	1	53
Ecorce de Grenade ou Malicorium, (*Lettre du* 26 *avril* 1806.) comme droguerie omise : à la valeur.	20 p. %	
Ecorce de mendragore ou faux gens-eng	18	36
Ecorce d'orme pyramidal : à la valeur	2 ½ p. %	
Ecorce de scavisson, (*Lettre du* 5 *novembre* 1806.) comme droguerie omise : à la valeur	20 p. %	
Ecorce de simarouba	15	30
Ecorce de tamaris	6	12
Ecorce de tilleul pour cordages	(B)	
Ecorces de chênes et autres à faire tan	(B)	
Ecorce de chêne blanc moulue. (V. Quercitron.)		
Ecritoires simples (à Mercerie).		
Ecume de verre. (V. Anatrum.)		
Ederdon ou Edredon, ou duvet de l'Eider. (*Loi du* 30 *avril* 1806.) la livre	6	
Effets à l'usage des voyageurs. (*Décisions des* 4 *août* 1792 *et* 4 *fructidor an* 5.)	(B)	
Ellebore noir ou blanc (racine d')	4	8
Email brut et blanc	12	24
Email ouvré	91	80
Email en poudre. (*Circulaire du* 23 *pluviose an* 13.) (Comme Azur en poudre.)		
Emeril en poudre et en grains	1	2
Emporte-pièces. (à Quincaillerie.)		
Encens. (*Loi du* 30 *avril* 1806)	20	
Ce qui comprend l'encens commun ou galipot. (*Lettre du* 7 *octobre* 1806.)		
Encre de la Chine	81	60
Encre à écrire	24	48
Encre à imprimer, et en taille-douce	12	24
Engrais de toute sorte pour les terres	(B)	
Enula campana. (V. Aulnée.)		
Eperons communs. (à Mercerie.)		
Epingles blanches	61	20
Epithimes ou Cuscutes	4	8
Epiceries non dénommées : à la valeur	10 p. %	
Eponges communes. (*Loi du* 30 *avril* 1806)	60	
Sont réputées telles celles dont la valeur du quintal n'excède pas 300 fr. (*Loi du* 1er. *août* 1792.)		
Eponges fines. (*Loi du* 30 *avril.*)	200	
Eponges servant à la fabrication de l'amadou	(B)	
Escajolles		51
Esprit ou essence de bergamottes et de citrons,		

	fr.	c. ENTRÉE.
la livre net	1	53
Esprit ou essence de girofle, la liv. net	4	8
Esprit de nitre	20	40
Esprit de sel	30	60
Esprit de soufre. (*Loi du* 1er. *août* 1792.) (Comme Esprit de nitre.)		
Esprit ou essence de térébenthine	6	12
Esprit-de-vin. (*Loi du* 9 *floréal an* 7.) le litre		45
Esprit de vitriol. (V. Aigre.)		
Essaye	1	2
Essence ou quintessence d'anis, au net	204	
Essence de canelle, la livre net	146	88
Essence de romarin et autres semblables, au net.	81	60
Essence de rose ou Rhodium, la livre net	48	96
Estampes de toutes sortes : à la valeur	15 p. %	
Esule, racine médicinale	1	2
Etain non ouvré	4	8
Etain usé ou brisé, propre à la refonte	4	8
Etain en cuillers et fourchettes, et autres menus ouvrages. (à Mercerie.)		
Etain en feuilles ou battu	51	
Etain ouvré, autre que ceux ci-dessus. (*Loi du* 10 *brumaire an* 5.) (Prohibé.)		
Etain de glace. (V. Bismuth.)		
Etaux et tours d'horlogers, (*Décision du* 22 *nivose an* 7.) comme omis au tarif : à la valeur	10 p. %	
Etoffes de fil et coton, (*Loi du* 1er. *août* 1792.) (Comme Etoffes de coton.)		
Etoffes de laine, de coton et de poil, ou mélangées de ces matières. (*Loi du* 10 *brumaire*.) (Prohib.)		
Etoffes avec or ou argent faux. (Prohibées.)		
Etoffes de soie unies de toutes sortes, la livre net.	15	30
Etoffes de soie brochées, sans or ni argent, la liv. n.	18	36
Etoffes de soie brochées, avec or et argent fin, la l. n.	30	60
Etoffes de soie mêlée d'autres matières, sans or ni argent, la livre net	12	24
Etoffes de soie mêlée avec or et argent fin, la l. n.	16	32
Etoffes de filoselle ou fleuret, la livre net	6	12
Etoffes de filoselle ou fleuret, avec or et argent fin, la livre net	9	18
Etoupes de chanvre et de lin	(B)	
Etriers. (*Loi du* 1er. *août* 1792.) (Comme Mercerie commune.)		
Etrilles. (*Même loi*.) (Comme grosse Quincaillerie en fer.)		
Euphorbe	6	12
Euphraise	4	8

	fr.	c.
Eventails communs. (à Mercerie.)		
Éventails fins, c'est-à-dire, d'une valeur excédant 1 fr. 50 c. la pièce. (*Loi du* 1er. *août* 1792.) (Comme Mercerie fine.)		

F.

	fr.	c.
Fabago (racine de)........................	3	6
Faïence et poterie de grès.....................	24	48
Celle connue sous la dénomination de terre de pipe ou grès d'Angleterre. (*Loi du* 10 *brumaire an* 5. (Prohibée.)		
Faisse ou lie d'huile. (Comme Huile commune.)		
Farines, excepté celles ci-après. (*Décision du* 7 *frimaire an* 8.)........................	(B)	
Farine d'avoine. (V. Avoine.)		
Farine de châtaignes, (*Lettre du* 19 *juin* 1807) (Comme Châtaignes.)		
Faulx, faucilles. (à Quincaillerie.)		
Fenouil (graine ou semence de)...............	6	12
Fenugrec..................................		51
Fer-blanc. (*Loi du* 30 *avril* 1806.)............	18	
Fers noirs en feuilles et en tôle. (*Même loi.*)..	10	
Fer-blanc, fer-noir et fer en tôle, ouvrés. (*Loi du* 10 *brumaire.*) (Prohibés.)		
Fers en barre. (*Loi du* 30 *avril* 1806.).........	4	
Fers en gueuse.............................	(B)	
Fers en verges, feuillards, carillons, rondins et autres qui ont reçu une première main-d'œuvre. (*Loi du* 30 *avril* 1806.)................	6	
Fers ouvrés de toutes sortes, comme fers en taillanderie, ressorts de voitures, serrures et autres ouvrages de serrurerie. (*Loi du* 10 *brumaire.*) (Prohibés.)		
Fers en fonte, en plaques de cheminées, et autres ouvrages. (*Même loi.*) (Prohibés.)		
Ferraille et vieux fer.........................	(B)	
Ferret d'Espagne............................		51
Fèves de Saint-Ignace........................	14	28
Feuilles de houx............................	(B)	
Feuilles de laurier, (*Lettre du* 8 *septembre* 1806.) comme omises : à la valeur..................	3 p. %	
Feuilles de myrte et autres propres à la teinture et aux tanneries............................	(B)	
Feuilles de noyer............................	(B)	
Fiasques, bouteilles de verre empaillées. (V. Verrerie.)		

	fr.	c. ENTRÉE
Ficelle. (V. Cordages de chanvre.)		
Fiches de nacre de perle. (*Lettre du 3 brumaire an 14.*) (Comme Mercerie commune.)		
Fil de fer ou acier...........................	12	24
Celui employé à la fabrication des aiguilles, dans les départemens de la Meuse-Inférieure et de la Roër, ne doit que le droit de balance, à la charge d'entrer par la douane de Cologne. (*Lois des 22 ventose an 12 et 1er pluviose an 13.*)		
Fil de cuivre de six lignes de diamètre et au-dessous.....................................	40	80
Fil de lin et de chanvre simple. (*Loi du 30 avril 1806.*).......................................	10	
Fil d'étoupes		51
Fil de lin et de chanvre retors................	61	20
Fil de lin et de chanvre teint	122	40
Fil à voiles..................................	6	12
Fil de linon..................................	(B)	
Fil de mulquinerie............................	(B)	
Fil de ploc, ou poil de cheval................	4	8
Fléaux de balance. (*Décision du 18 ventose an 10.*) (Prohibés.)		
Fleurets. (*Lettre du 30 juillet 1806.*) (Comme Armes blanches.)		
Fleurs de pêcher	7	14
Fleurs de romarin.............................	7	14
Fleurs de violette............................	7	14
Fleurs de soufre..............................	6	12
Fleurs artificielles de toutes sortes.........	122	40
Flin..	1	2
Foin et herbes de pâturages...................	(B)	
Folium gariofilatum ou feuilles de girofle....	20	40
Folium indicum ou indum.......................	5	10
Fonte verte. (V. Polozum.)		
Forces à tondre les draps.....................	10	20
Fouets. (à Mercerie.)		
Fourchettes d'étain. (à Mercerie.)		
Fourchettes de fer. (*Loi du 1er. août 1792.*) (Comme Mercerie commune.)		
Fournimens à poudre. (à Mercerie.)		
Fourreaux d'épée. (à Mercerie.)		
Fourreaux de pistolets, (*Loi du 1er. août 1792.*) (Comme Harnais.)		
Fourrure. (V. Pelleterie ouvrée.)		
Franges. (V. Passementerie.)		
Fromages. (*Loi du 7 septembre 1807.*).........	6	

ENTRÉE. fr. c.

Fruits. (*Loi du* 30 *avril* 1806.) savoir :
Bigarades, cédrats, citrons, limons, oranges, chadecs.......... 10
L'on doit y comprendre les oranges sèches et amères qu'on employe à la fabrication du genièvre. (*Lettre du* 7 *mai* 1806.)
Câpres.......... 30
Pistaches non cassées.......... 48
Pistaches cassées.......... 72
Olives et picholines.......... 18
Prunes, pruneaux, raisins et autres fruits secs... 8
Cette classe comprend les dattes, les raisins de Corinthe et de Damas. (*Lettre du* 12 *thermidor an* 13.)
Tous les autres fruits non dénommés au tarif... 4
Ce qui s'applique aux châtaignes, marrons, noix, avelines ou noisettes. (*Lettres des* 19 *et* 28 *décembre* 1806.) Aux fruits cruds que le tarif de 1791 avait tirés à *néant*. (*Circul. du* 23 *pluviose an* 13.)
Fruits à l'eau-de-vie.......... 48 96
Fruits artificiels en terre fine cuite, (*Lettre du* 22 *messidor an* 8.) comme omis : à la valeur..... 10 p. %
Fumiers.......... (B)
Fuseaux (à Mercerie.)
Fustet. (feuilles et branches de).......... (B)
Futailles vides ou en bottes.......... (B)

G.

GAINES. (à Mercerie.)
Galbanum.......... 8 16
Galle. (V. Noix de)
Galles légères. (*Loi du* 1er. *août* 1792.).......... (B)
Ce qui comprend celles concassées. (*Lettre du* 8 *septembre* 1806.)
Galipot. (V. Encens.)
Gallium blanc et jaune.......... 1 2
Galons et ganses, (V. Passementerie.)
Galons vieux pour brûler.......... (B)
Gants et autres ouvrages de ganterie en peau et cuir, doublés ou non. (*Loi du* 10 *brumaire an* 5.) (Prohibés.)
Gants de fil, de laine, de soie ou autres matières. (*Même loi.*) (Prohibés comme Bonneterie.)
Garance moulue. (*Loi du* 30 *avril* 1806.......... 15
Garance sèche, ou alizari. (*Même loi.*).......... 6

	fr.	c. ENTRÉE.
Garance verte. (*Loi du 30 avril 1806.*)........	2	
Garou (racine de). (V. Thymelée.)		
Garouille..............................	(B)	
Gaude..............................	(B)	
Gazes anglaises. (*Loi du 10 brumaire.*) (Prohibées.)		
Gazes et marly de soie, la liv. net..............	30	60
Gazes de soie et de fil, la liv. net..............	16	32
Gazes d'or et d'argent, ou mêlées d'or et d'argent, la liv. net..............................	61	20
Gazettes et journaux. (*Loi du 1er. août 1792.*)...	(B)	
Gallengal, mineur et majeur..................	4	8
Genestrole..............................	(B)	
Gens-eng, au net..............................	91	80
Gentianne..............................	1	53
Gibecière. (à Mercerie.)		
Gibier de toutes sortes..............................	(B)	
Gingembre. (*Loi du 8 floréal an 11*)...........	9	
Girofle (bois de). (V. Bois de Crable.)		
Girofle (clous de). (*Loi du 30 avril 1806.*) la liv. net.	3	
Girofle (queues de), (*Lettre du 13 mai 1806.*) comme drogueries non dénommées : à la valeur.	20 p. %	
Glaces et miroirs au-dessus de 3 décimètres, 25 millimètres : à la valeur..............................	15 p. %	
Glaces de 3 décim., 25 millim., et au-dessous...	30	60
Glands de chêne. (*Lettre du 13 germinal an 9.*) (Comme Avelanède.)		
Glayeul ou Iris du pays..............................	10	20
Glu..............................	7	14

Gommes et Résines.

1°. *A l'usage des teintures, fabriques et manufactures.*

	fr.	c.
Gommes Arabique, de Bassora, du Sénégal, thurique, etc..............................	2	4
Gomme adragante. (*Lettre du 14 floréal an 9.*) Le même droit.		
Gommes de cerisier, abricotier, pêcher, prunier, olivier et autres communes pour la chapellerie.	(B)	
Gommes copal, lacque, en feuilles, en grains et sur bois, mastic et sandarac pour les vernis....	12	24

2°. *A l'usage de la médecine et des parfumeurs.*

	fr.	c.
Gommes d'acajou, de cyprès, animée, de lierre, hèdre et sarcolle..............................	10	20
Gomme de cèdre..............................	20	40

ENTRÉE.

	fr.	c.
Gomme ou résine élastique	4	8
Gomme ammoniac	6	12
Gomme élemi de toute sorte	18	36
Gomme gayac	5	10
Gomme gutte ou de cambogium	40	80
Gomme oppoponax	20	40
Gomme sagapenum, seraphinum ou Séraphique-taccamaca	12	24
Goudron, gaudron ou goustran. (Le baril de 120 à 150 liv.)		76
Gourre ou tamarin confit avec le sucre	30	60
Grabeau ou Fousse, résidu des drogues lorsqu'on en a séparé le meilleur. (Comme les drogues dont il est le résidu.)		
Graines d'angélique, anis, cartami, cévadille, coriandre, daucus et d'écarlate. (V. Angélique, etc.)		
Graines d'esparcette, de foin, sainfoin, luzerne, trèfle, et autres propres à semer dans les prairies.	(B)	
Graine de genièvre	(B)	
Graines de jardin, de toutes sortes	(B)	
Graine jaune ou d'Avignon	(B)	
Graines de lin, navette, rabette, colzat et autres propres à faire huile		71
Graine de moutarde. (*Lettre du 4 prairial an* 12.) (Comme sennevé.)		
Graine de myrtille	(B)	
Graine de paradis, ou maniquette, (*Lettre du 4 juin* 1807.) comme droguerie omise : à la valeur.	20 p. %	
Graine de puce. (*Lettre du 13 fructidor an* 6.) Comme droguerie omise.		
Graine thurique	1	53
Graine de vers à soie	(B)	
Grains. (le riz excepté.) (*Loi du 24 nivose an* 5.)	*néant.*	
Grains de verre. (à Mercerie.)		
Graisses de toutes sortes	(B)	
Gravelle. (*Loi du 1*er. *août* 1792.)	(B)	
Grelots. (à Mercerie.)		
Gremil ou herbes aux perles. (graine ou semence de)	1	53
Grenadier. (écorce de)	(B)	
Groisil ou verre cassé	(B)	
Groison	2	55
Gruau d'avoine. (V. Avoine.)		
Gruau de blé noir. (*Lettre du 29 frimaire an* 8.)	(B)	
Guimauve (fleurs et racine de)	2	55
Guimauve (suc de)	12	24
Guy de chêne	18	36
Gyp, espèce de gros talc	3	6

H.

	fr.	c.
Habillemens neufs à l'usage des hommes et des femmes, et ornemens d'église : à la valeur.... S'ils étaient en laine, coton et poil. (Prohibés comme les étoffes.)	15 p. %	
Habillemens vieux......................	5 l.	
Habillemens à l'usage des voyageurs, et ayant servi, quoiqu'ils n'accompagnent pas les voyageurs, dès qu'ils sont dans une même malle avec d'autres effets, et qu'ils n'excèdent pas le nombre de six, sont absolument exempts. (*Loi du* 1er. *août* 1792, *et décision du* 27 *nivose an* 8.)		
Hameçons. (à Mercerie.)		
Hardeau. (V. Viorne.)		
Harnais de chevaux, excepté ceux ci-après : à la valeur......................	15 p. %	
Harnais en cuir, et tous autres objets de sellerie. (*Loi du* 10 *brumaire an* 5.) (Prohibés.)		
Havresacs en cuir. (*Loi du* 1er. *août* 1792.) (Comme Cuir ouvré.)		
Héliotrope......................	(B)	
Hématite (pierre)......................	1	2
Herbages frais. (V. Légumes verds.)		
Herbes médicinales non dénommées............	3	6
Herbes propres à la teinture, non dénommées dans le tarif......................	(B)	
Herbe de maroquin......................	(B)	
Harbe jaune......................	(B)	
Herbe de pâturage. (V. Foin.)		
Herbe aux vers. (V. Tannesi.)		
Hermodate......................	4	8
Histoire naturelle...................... Celle destinée pour le Muséum est absolument exempte. (*Décision du* 12 *messidor an* 6.)	(B)	
Horlogerie (ouvrages d'), sauf l'exception ci-après. (*Loi du* 10 *brumaire an* 5.) (Prohibés.) Les fournitures d'horlogerie consistant en pivots, ressorts, spiraux et autres pièces du dedans des montres, lesquelles réunies ne peuvent former des mouvemens complets, sont admissibles en payant, conformément au décret du 7 messidor an 3, 10 pour % de la valeur. (*Décision du* 8 *germinal an* 9.)		
Horloges de bois. (*Décret du* 7 *messidor an* 3.) à la valeur......................	10 p. %	
Horloges à sable. (à Mercerie.)		

ENTRÉE.	fr.	c.
Houatte, Houette de coton ou de soie.........	61	20
Houblon..................................	(B)	
Houpes à cheveux, de duvet. (à Mercerie.)		
Housses de chevaux, (*Loi du* 1er. *août* 1792.) (Comme Harnais.)		
Howes, bisquains ou housses de chevaux, en peaux d'agneaux, de brebis ou moutons, passées en mégie avec la laine. (*Loi du* 10 *brumaire.*) (Prohibés.)		

Huiles.

1°. *à l'usage de la médecine et des parfumeurs.*

	fr.	c.
Huile d'ambre, au quintal net.................	102	
Huile d'anis ou de fenouil, *idem*...............	204	
Huile de cacao, ou Beurre de cacao, *idem*.....	45	90
Huile de canelle, girofle et macis, *idem*.......	408	
Huile d'ambre jaune, carabé ou succin, citrons, oranges, jasmin, roses et autres fleurs, et de gayac, au quintal net.....................	51	
Huile de muscade, *idem*......................	306	
Huile d'asphaltum, marjolaine, sauge et soufre...	36	72
Huile d'aspic et de gland.....................	15	30
Huile de cade, de cédria et d'oxicèdre..........	4	8
Huile de genièvre ou sandarac, de lavande et de sassafras..................................	30	60
Huile de laurier..............................	20	40
Huile d'oliette et de pavot blanc..............	8	16
Huile de palme...............................	10	20
Huile de palma-christi et de pignons...........	18	36
Huile de pétrole..............................	12	24
Huile de tartre...............................	22	44

2°. *Huiles comestibles, ou pour les fabriques.*

	fr.	c.
Huile d'olive fine. (*Loi du* 30 *avril* 1806.)......	20	
Huile commune, et seulement propre aux fabriques. (*Même loi.*)..............................	12	
Huile de cheval..............................	9	18
Huile de graines..............................	9	18
Huile de noix................................	9	18
Huile de poisson. (*Loi du* 9 *floréal an* 7.)......	12	50
Huile de vitriol. (V. Aigre.)		

	fr.	c.
Huîtres fraîches, le mille en nombre..........	5	
Huîtres marinées.............................	12	24
Hyacinthe...................................	16	32
Hypocistis	6	12

ENTRÉE.

I.

	fr.	c.
Jalap. (*Loi du 30 avril 1806.*) au net........	50	
Jarretières. (V. Passementerie.)		
Jays ou jayet brut. (*Loi du 11 mai 1792.*).....	(B)	
Jays ou Jayet travaillé. (*Même loi.*)..........	20	40
Jetons de nacre, d'os et d'ivoire. (à Mercerie.)		
Jetons en cuivre doré. (*Loi du 10 brumaire.*) (Prohibés.)		
Impératoire	3	6
Indigo. (*Loi du 8 floréal an 11.*)..............	15	
Instrumens aratoires. (V. Quincaillerie.)		
Instrumens d'astronomie, de chirurgie, de mathématiques, navigation, optique et physique : à la valeur..............................	10 p. %	
Instrumens de musique, la pièce :		
Fifres, flageolets, galoubets................		63
Flûtes et poches..........................		75
Cistres, mandolines, psaltériums, tambours, tambourins et tympanons................	1	50
Alto-violes, violons, bassons, cors-de-chasse, guittares, serinettes, serpens et trompettes...	3	
Clarinettes et haut-bois	4	
Vielles simples...........................	5	
Basses et contrebasses....................	7	50
Epinettes, orgues portatives et vielles organisées.	18	
Forte-piano et harpes......................	36	
Clavecins	48	
Orgues d'église : à la valeur...............	12 p. %	
Instrumens de musique non dénommés : à la val.	12 p. %	
Joaillerie. (Comme Or en ouvrages d'orfévrerie, ou Argent ouvré, suivant la matière dont elle est composée.)		
Joncs pour cannes. (*Loi du 30 avril 1806.*).....	100	
Joncs montés autrement qu'en cuivre ou acier. (*Lettre du 17 juillet 1807.*) à la valeur........	15 p. %	
Joncs montés en cuivre ou en acier. (*Même lettre.*) (Prohibés.)		
Joncs de marais. (*Lettre du 10 messidor an 10.*) à la valeur................................	5 p. %	
Ipécacuanha. (*Loi du 30 avril 1806.*) au net....	200	
Iris. (*Même loi.*)............................	30	
Juncus odoratus............................	18	36
Jus de limon et de citron.....................	(B)	
Jus de réglisse. (*Loi du 30 avril 1806.*).........	24	
Ivoire ou dent d'éléphant. (*Même loi.*)........	100	

K.

	fr.	c.
Kamine mâle, ou Beurre de pierre............	6	12
Kirschwasser. (*Loi du* 30 *avril* 1806.) le litre...	1	

L.

	fr.	c.
Labdanum naturel et non-apprêté............	12	24
Labdanum liquide et purifié, au net..........	45	90
Lacets de fil. (*Loi du* 1er. *août* 1792.) (Comme Rubans de fil.)		
Les autres font partie de la passementerie. (*Circulaire du* 22 *messidor an* 8.)		
Laines non filées..........................	(B)	
Laines non filées teintes. (*Loi du* 1er. *août* 1792.)	73	44
Laines filées. (*Loi du* 10 *brumaire an* 5.) (Prohib.)		
Laine (bourre de).........................	(B)	
Laiton en lingots ou mitraille. (*Loi du* 1er. *août* 1792.) (Comme Cuivre brut.)		
Laiton ou cuivre jaune battu et laminé en planches de toute dimension, gratté, noir et décapé....	30	60
Laiton ou cuivre jaune ouvré. (*Loi du* 10 *brumaire.*) (Prohibé.)		
Laiton filé noir. (*Loi du* 30 *avril* 1806.).....	12	
Langues, noos ou noves et tripes de morue. (*Loi du* 22 *ventose an* 12.).................	20	
Lanternes communes. (à Mercerie.)		
Lapis entalis............................	4	8
Lapis lazuli. (V. Azur de roche fin.).		
Laque plate de Venise.....................	5	10
Laque colombine sèche....................	5	10
Laque liquide		51
Lard frais...............................	(B)	
Lard salé. (*Loi du* 19 *mai* 1793.)...........	(B)	
Lavande sèche (fleurs de).................	6	12
Légumes secs de toute sorte................		51
Légumes verds et herbages frais.............	(B)	
Levain de bierre, (*Décision du* 8 *germinal an* 10.) comme omis au tarif : a la valeur...........	3 p. %	
Librairie en langue française................	12	24
Librairie en langues étrangères..............	(B)	
Librairie en langues savantes. (*Loi du* 1er. *août* 1792.)............................	(B)	
Lichen	(B)	
Lie d'huile. (V. Faisse.)		
Lie d'huile de poisson. (*Lettre du* 12 *germinal an* 13.) (Comme Huile de Poisson.)		

	ENTRÉE. fr.	c.
Lie de vin	(B)	
Liége en table ou en planche. (*Loi du* 30 *avril* 1806.)	6	
Liége ouvré. (Comme Bouchons de liége.)		
Lierre (feuilles de)	(B)	
Lignes. (à Mercerie.)		
Limaille d'acier et d'aiguilles	3	6
Limaille de cuivre	(B)	
Limaille de fer	2	4
Limes. (V. Quincaillerie.)		
Lins cruds, tayés ou apprêtés	(B)	
Linge en pièce, damassé ou autrement ouvré, de chanvre et de lin seulement. (*Loi du* 3 *frimaire an* 5.)	61	20
Linge ouvré en nappes, serviettes et chemises, également de chanvre et de lin seulement	153	
Linge de lit et de table supporté, à l'usage des voyageurs, *(Décision du* 2 *fructidor an* 5.*)* comme omis au tarif : à la valeur	10 p. %	
Les caleçons et chemises, dans une quantité relative au nombre des habits dont l'entrée est permise, ne doivent que le droit de balance. *(Même décision.)*		
Linge dans lequel il entre du coton. *(Loi du* 30 *avril* 1806.) (Prohibé.)		
Linge vieux ou drilles	(B)	
Linon et batiste, la livre	12	24
Liqueurs et ratafias de toute sorte. (*Loi du* 8 *floréal an* 11.) le litre	1	50
Listonnerie. (V. Passementerie.)		
Litharge naturelle et artificielle	2	4
Livres avec gravures ou estampes *(Loi du* 1er. *août* 1792.*)* : comme estampes, lorsqu'elles constituent essentiellement le prix d'un livre dont le texte ne sert qu'à les expliquer ; et comme livres, si les estampes et cartes géographiques ne sont qu'un accessoire d'un prix modique.		
Livres reliés. *(Même loi.)* (Comme Librairie.)		
Loup (dents de)	1	53

M.

Macis. *(Loi du* 30 *avril* 1806.*)* la livre net	10	
Mâchefer	(B)	
Magalaise ou Manganèse	(B)	
Magnésie. *(Loi du* 1er. *août* 1792.*)* (Comme Sel volatil.)		

ENTRÉE.

	fr.	c.
Malherbe, herbe pour la teinture...............	(B)	
Malles. (Comme Coffres.) (à Mercerie.)		
Manchons. (V. Pelleterie.)		
Manicordium. (à Mercerie.)		
Maniquette. (V. graine de Paradis.)		
Manne. *(Loi du 30 avril 1806.)*...............	40	
Marbre brut (1) *(Même loi)*, le décimètre cube..		6
Marbre ouvré *(Même loi.)*, le décimètre cube...		12
Marc d'olives. (V. Amurca.)		
Marcassites d'or, d'argent, de cuivre...........	16	32
Marcassites (ouvrages à) (V. Ouvrages.)		
Marly de soie. (V. Gazes de soie.)		
Marqueterie (ouvrages de) : à la valeur........	15 p. %	
Marum (feuilles de).........................	4	8
Masques pour bal. (à Mercerie.)		
Massicot....................................	18	36
Matelats, comme omis au tarif : à la valeur.....	10 p. %	
Mâts pour vaisseaux..........................	(B)	
Maurelle. (V. Tournesol.)		
Mèches soufrées, soufre en mèches et mèches de soufre *(Lettre du 22 messidor an 8.)* : à la valeur.	10 p. %	
Mechoacham ou Rhubarbe blanche..............	5	10
Médailles d'or et d'argent....................	(B)	
Médailles de cuivre. *(Loi du 10 brumaire an 5.)* (Prohibées.)		

La prohibition n'affecte point les médailles antiques ou celles frappées relativement à des événemens survenus dans les pays étrangers, et qui seraient de différentes formes et en faible nombre pour chaque espèce. *(Circul. du 26 juin 1806.)*

	fr.	c.
Médicamens composés. (Prohibés.)		
Mélasse. *(Loi du 8 floréal an 11.)* (Prohibée.)		
Mercerie commune. *(Loi du 30 avril 1806.)*....	60	

Elle se compose des objets ci-après :

Aiguilles de toutes sortes; ambre jaune travaillé.

Battefeux et briquets limés ; boîtes de sapin peintes ; boîtes ferrées; bois de miroirs non enrichis ; bougettes ; bourses de cuir, de fil et de laine ; boutons de manches d'étain et autres métaux communs ; brosserie.

Cadrans d'horloge et de montre ; chapelets de

---

(1) Le marbre brut est dans l'état où il sort de la carrière, taillé en bloc ou scié en planche, sans être poli ni autrement travaillé. Celui qui a reçu une forme différente, quoique imparfaite et non finie, est dans la classe du marbre ouvré. (*Lettre du 22 décembre 1806.*)

	fr.	c. ENTRÉE.
bois et de rocaille; coffres non garnis; colliers de perles et de pierres fausses; compas; cornets à jouer, de corne ou de cuir.		
Dez à coudre, en corne, cuivre, fer, os et ivoire; dez à jouer; dominoterie.		
Écritoires simples; éperons communs; éventails communs.		
Feuilles d'éventails; fouets; fourreaux d'épées; fournimens à poudre; fuseaux.		
Gaînes; gibecières; grains de verre de toute sorte; grelots.		
Hameçons; horloges à sable; houpes à cheveux, de duvet.		
Jetons de nacre, d'os et d'ivoire.		
Lanternes communes; lignes de pêcheurs.		
Manicordium; masques pour bal; moulins à café et à poivre.		
Ouvrages de buis; ouvrages en cuivre et fer, tels que chandeliers, flambeaux, mouchettes, tire-bouchons, et autres de même espèce (1); ouvrages menus d'étain, comme cuillers, fourchettes.		
Peignes de buis, de corne et d'os; perles fausses; pipes à fumer.		
Romonettes; raquettes.		
Sifflets d'os et d'ivoire; soufflets.		
Tambours, tamis.		
Volans.		
Merceries fines et autres non dénommées dans le présent tarif : à la valeur....................	15 p. %	
Mercerie en soie, comme bourses à cheveux, mouches et mouchoirs de soie, la livre net........	12	24
Mercure. (V. Argent vif.)		
Mercure précipité...........................	30	60
Merluche ou Morue sèche. (*Circulaire du* 23 *germinal an* 12.) (Comme Morue.)		
Mesures. (V. Poids.)		
Métal de cloches............................	36	72
Métal de Manheim. (V. Tombac.)		
Métal non ouvré. (V. Bronze.)		
Métiers à faire bas et autres ouvrages : à la valeur.	15 p. %	
Meubles de toutes sortes : à la valeur............	15 p. %	

(1) On peut ranger dans cette classe les anneaux en cuivre, étain et fer, et autres petits ouvrages grossiers de cette espèce. (*Lettre du* 8 *septembre* 1806.)

ENTRÉE.

	fr.	c.
Meules de moulin, la pièce : au-dessus d'un mètre 949 millimètres de diamètre..............	7	50
d'un mèt. 949 mill. à 1 mèt. 297 mill........	5	
au-dessous de 1 mètr. 297 mill..............	2	50
Meules à taillandier *(Loi du 1er. août 1792.)*, la pièce :		
d'un mètre 218 mill. à 1 mètr. 383 millim. de diamètre..........................	2	50
d'un m. 079 mill. à 920 mil..............	1	75
de 907 mil. à 677 mil...............	1	
de 663 mil. à 541 mil...............		40
de 528 mil. à 406 mil...............		20
de 385 mil. et au-dessous...........		10
Meum d'athamante...........................	2	4
Miel	6	12
Millet. (V. Alpiste.)		
Mine de plomb noir..........................	1	53
Mine de fer, brute et lavée.................	(B)	
Minium. *(Décret du 16 novembre 1807.)*........	6	
Mirrhe (gomme de)...........................	8	16
Mitraille de cuivre jaune *(Loi du 1er. août 1792)*. (Comme celle de cuivre rouge.)		
Modes (ouvrages de) : à la valeur.	12 p.	%
Momies, corps embaumés	(B)	
Monnaies de cuivre et de billon de fabrique étrangère. *(Décret du 11 mai 1807.)* (Prohibées.)		
Monnaies de métal, sous quelque forme ou dénomination que ce soit. *(Loi du 3 septembre 1792.)* (Prohibées.)		
Montres. (V. Horlogerie.)		
Morilles et Mousserons, espèces de champignons...	24	48
Morues. (*Loi du 22 ventose an 12.*)..............	20	
Mottes à brûler...............................	(B)	
Mouchoirs dans lesquels il entre du coton. *(Loi du 30 avril 1806.)* (Prohibés.)		
Mouchoirs de pur fil teints ou imprimés. (Comme Toiles de pur fil peintes ou teintes.)		
Mouchoirs grossiers blancs rayés de rouge, et mouchoirs à carreaux. *(Lettre du 24 février 1807.)* (Comme Toiles à matelats.)		
Moules de boutons	6	12
Moulard ou terre cimolée. (V. Terre.)		
Moulins. (à Mercerie.)		
Mousselines. *(Loi du 30 avril 1806.)* (Prohibées.)		
Mousselinettes. *(Loi du 10 brumaire an 5.)* (Prohibées.)		
Moutarde	12	24

	fr.	c.	ENTRÉE.
Mouvemens de montre. (V. Horlogerie.)			
Muguet ou Lys de vallée (fleurs de)............	3	6	
Mules et Mulets, la pièce.....................	1		
Munitions de guerre (1), à l'exception de la poudre à tirer, savoir :			
Balles de fusils et pistolets..................	9	18	
Bombes, boulets de canons, grenades et mortiers.	3	6	
Canons de fer............................	3	6	
Canons de fonte..........................	9	18	
Canons de fusils..........................	48	96	
Canons de pistolets.......................	97	92	
Musc. *(Loi du 30 avril 1806.)* la livre net........	60		
Muscade. *(Même loi.)* la livre net..............	8		
Musique gravée. *(Loi du 1er. août 1792.)* (Comme Estampes.)			
Myrobolans non confits......................	7	14	
Myrobolans confits.........................	30	60	

N.

	fr.	c.	ENTRÉE.
NACRE de perle (coquilles de) (*Loi du 30 avril 1806.*)	40		
Nankinettes. (*Loi du 10 brumaire an 5.*) (Prohib.)			
Nankins d'Europe. (*Loi du 1er. pluviose an 13.*) (Prohibés.)			
Nankins des Indes. (V. Toiles.)			
Naphe ou Naphte............................	3	6	
Nattes de jonc	8	16	
Nattes de paille, de roseaux et autres plantes et écorces (2)..............................	2	4	
Navires. (V. Bâtimens de mer.)			
Nénuphar.................................	1	53	
Nerprun	(B)		
Nerfs de bœufs et autres animaux..............	(B)		
Nigelle romaine (graine de)..................	9	18	
Nitre (sel de). (Prohibé.)			
Noir d'Espagne	7	14	
Noir de fumée, de terre et de corroyeurs........	2	4	
Noir d'ivoire..............................	30	60	
Noir de teinturier, d'Allemagne, d'os et de cerf.	3	6	
Noix de cyprès............................	2	4	
Noix de galle.............................	2	4	
Noix vomiques............................	2	4	

(1) La loi du 8 floréal an 11 a rétabli sur les armes de toute espèce, la perception des droits telle qu'elle était avant la loi du 22 août 1792.

(2) On ne doit pas ranger dans cette classe les tissus d'écorce de bois destinés à des ouvrages délicats tels que chapeaux de femme. (*Lettre du 18 prairial an 13.*) (Voy. Écorce.)

O.

	fr.	c.
Ocre jaune et rouge		51
Oculi cancri	8	16
Œufs de volaille et de gibier	(B)	
Oignons de fleurs	(B)	
Opium. (*Loi du* 30 *avril* 1806.) au net	100	
Or brûlé, en barres, en masse, lingots et monnoyé, et bijoux cassés	(B)	
Or en ouvrages d'orfévrerie : à la valeur	10 p. %	
Or en feuilles battu, l'once net	26	11
Or trait battu, en paillettes ou clinquants, l'onc. net.	6	53
Or filé ou fil d'or fin, l'once net	4	90
Or faux en barres et en lingots	73	44
Or faux en feuilles, paillettes, clinquant, trait et battu	142	80
Or faux filé, ou fil d'or faux	163	20
Or faux, filé sur soie. (Prohibé.)		
Orcanette		51
Oreillons ou Orillons	(B)	
Orge perlé ou mondé. (*Loi du* 30 *avril* 1806.)	12	
Ornemens d'église. (V. Habillemens.)		
Orobe (graine ou semence d')	1	2
Orpiment		51
Orseille, même apprêtée	(B)	
Os de bœufs, de vaches et autres animaux	(B)	
Os de seiche	1	2
Osier en bottes	(B)	
Outils propres à peigner le chanvre. (V. Serans.)		
Outremer, la livre	30	60
Ouvrages en acier, airain, cuivre, étain, fer, fer-blanc, fonte, tôle, ou autres métaux, polis ou non polis, purs ou mélangés. (*Loi du* 10 *brumaire an* 5.) (Prohibés)		
L'art. 1er. de la loi du 19 pluv. an 5, excepte les objets compris dans la classe de la mercerie commune, les armes de guerre, les instrumens aratoires et les outils pour les arts et métiers, de quelque matière qu'ils soient composés. (1)		
Ouvrages en bois, en marbre et en pierres : à la val.	15 p. %	
Ouvrages en buis. (à Mercerie.)		
Ouvrages de cordonnerie. (V. Cordonnerie.)		
Ouvrages d'horlogerie. (V. Horlogerie.)		

(1) On ne peut mettre dans cette classe des cadenats, fiches de fer, charnières, verroux, balances, etc. (*Lett. du* 12 *prairial an* 12.)

	fr.	c. ENTRÉE.
Ouvrages de maroquin. (*Loi du* 10 *brumaire.*) (Prohibés.)		
Ouvrages de modes. (V. Modes.)		
Ouvrages d'orfévrerie en or. (V. Or en ouvrages.)		
Ouvrages d'osier	15	30
Ouvrages de paille, de jonc et de palme........	12	24
Ouvrages de peaux consistant en gants, culottes ou gilets. (*Loi du* 10 *brumaire.*) (Prohibés.)		
Ouvrages à pierres de composition, marcassites ou autres, montées sur étain, cuivre argenté ou doré, ou sur or ou sur argent : à la valeur..........	5 p. %	
Ouvrages en plaqué. (*Loi du* 10 *brumaire.*) (Proh.)		
Ouvrages de sellerie. (*Même loi.*) (Prohibés.)		

P.

	fr.	c.
Pailles de bled et autres grains................	(B)	
Pailles d'acier et de fer.......................		51
Pain. (*Lettre du* 2 *avril* 1807.)................	(B)	
Pains à cacheter. (*Loi du* 1er. *août* 1792.) (Comme Mercerie commune.)		
Pain d'épice.................................	6	12
Pain de navette, lin et colzat	(B)	
Palma-Christi. (V. Catapuce.)		
Papier blanc de toutes sortes. (*Loi du* 1er. *août* 1792.)	61	20
Papier à cautère. (*Même loi.*) (Comme Papier blanc.)		
Papiers de musique. (*Même loi.*) (Comme Estampes.)		
Papier de pâte grise, noire, bleue, et papier brouillard. (*Même loi.*)......................	36	72
Papier doré et argenté, uni et à fleurs d'or et d'argent; papier marbré; papier à fleurs; papier uni, peint en bleu, jaune, vert, rouge; papier imitant le bois, et autres qui se vendent à la main et non en rouleau. (*Même loi.*)	73	44
Papier tontisse peint, imitant le damas, la moire, le gros-de-tours et toute autre étoffe; papier à dessin et à ramage, d'une ou plusieurs couleurs, ou imitant l'architecture et servant à tapisser ou à décorer les appartemens, et qui se vendent en rouleaux. (*Même loi.*)	91	80
Papier de la Chine............................	183	60
Parapluies de toile cirée, la pièce............		75
Parasols de taffetas, la pièce..................	2	
Parchemin neuf brut et en rognures............	(B)	
Parchemin neuf travaillé	12	24

ENTRÉE.

	fr.	c.
Pareira brava	4	8
Parfums non-dénommés	102	
Passementerie et listonnerie, comme galons, ganses, jarretières, aiguillettes, franges, rubans et tous autres ouvrages de passementerie et rubannerie ; savoir :		
En or et argent fin, la livre net	30	60
En or et argent faux	306	
En soie, avec or et argent fin, la livre net	24	48
En soie, sans or ni argent, la livre net	15	30
En soie et coton ou matières mêlées, la livre net, lorsqu'il y a de la soie, la livre brut, lorsqu'il n'y en a pas	7	14
Passepierre ou percepierre	1	53
Pastel ou guelde	(B)	
Pastel d'écarlate	(B)	
Pastel (crayons de)	10	20
Pâtes d'amandes et de pignons	12	24
Pâtes d'Italie. *(Loi du 30 avril 1806.)*	20	
Pâte de Tournesol. (*Même loi.*)	10	
Patience	2	4
Pattes de lion	2	4
Pavot rouge ou Coquelicot (fleurs de)	2	4
Pavés ou pierres de grès	(B)	
Peaux salées et en verd	(B)	
Celles de daims y sont comprises. (*Lettre du 28 août 1806.*)		
Peaux et cuirs secs et en poils, sauf les exceptions ci-après, (*Loi du 8 floréal an 11.*) la pièce		25
Les peaux de veaux sèches en poil ne doivent que le droit de balance (*Circul. du 28 fructidor an 10.*) : il en est de même de celles de moutons (*Lettre du 24 prairial an 11*) ; de chevreuils. (*Lettre du 24 janvier 1806.*)		
Peaux tannées, corroyées ou autrement ouvrées (*Loi du 10 brumaire an 5.*) (Prohibées.)		
Peaux de toute sorte pour gants, culottes ou gilets. (*Même loi.*) (Prohibées.)		
Peaux de cagneaux bleus, lions et ours marins	8	16
Peaux de chiens de mer	8	16
Peaux de cochons non apprêtées. (*Lettre du 6 avril 1806*) comme omises : à la valeur	3 p. %	
Peaux de cygne et d'oie, propres à faire éventails, connues dans le commerce sous le nom de peaux blanches d'Italie. *(Lettre du ministre de l'intérieur, du 5 thermidor an 12.)*	300	

	fr.	c. ENTRÉE.
Peignes de buis, de corne et d'os. (à Mercerie.)		
Peignes d'écaille, la livre....................	2	4
Peignes d'ivoire, la livre....................	1	55
Pelles de fer. (*Loi du* 1er. *août* 1792.) (Comme Instrumens aratoires.)		

Pelleteries.

	fr.	c.
Peaux de blaireaux, de loutres, loups de bois et cerviers, de cygnes, de chèvres-angora, de carcajoux, la pièce....................		20
Peaux de chats-cerviers, chats-tigres, de lions, lionnes, de martres de toutes espèces, d'oies, de de renards de toutes espèces, de pékands, veaux, vaches et loups-marins, la pièce.....		10
Peaux de chats de feu, de chats sauvages, chiens et chikakois, de fouines, de genettes, de gredbes, de marmottes, de putois, de vizons, la pièce.		5
Peaux d'ours et d'oursins de toutes couleurs, la pièce,....................		25
Peaux de léopards, panthères, tigres et zèbres, la pièce....................		50
Peaux d'hermines blanches et lasquettes, le timbre de 40 peaux....................	2	
Peaux d'hermines de terre mouchetées et bervesky, écureuils d'Amérique, palmistes des Indes, le cent en nombre....................	2	
Peaux de petits-gris et écureuils de toute espèce, le cent en nombre....................	1	
Les pelleteries ci-dessus dénommées payeront, à l'exception des ours, le double des droits, lorsqu'elles seront apprêtées.		
Peaux d'agneaux, dites d'Astracan, de Russie, de Perse et de Crimée, la pièce..............		50
Peaux de lièvres blancs apprêtées, le cent en nomb.	6	
Gorges de renards, de martres et de fouines, le cent en nombre....................	2	
Queues de martres de toute espèce, le cent en n.	2	50
Queues de petits-gris, d'écureuils, d'hermines, putois, le cent en nombre..............		25
Queues de renards, de fouines, de carcajoux, de pékands, de loups, le cent en nombre.....	1	50
Sacs ou nappes de martres de Russie, de Canada, de Suède, d'Éthiopie, d'agneaux d'Astracan, d'hermines, de lasquettes, le sac ou nappe..	5	
Sacs ou nappes de dos et ventres de petits-gris, d'écureuils de toute espèce, de lapins de toutes		

	fr.	c.
couleurs, de taupes, de fouines, de putois, de dos et ventres de lièvres blancs, d'hermines de terre mouchetées ou bervesky, rats palmistes des Indes, d'hamster, de dos, ventres et pattes de renard, le sac ou nappe.	1	50
Peaux de castors et de rats musqués.	(B)	
Peaux de lièvres, de lapins gris, blancs, roux, de toutes espèces et couleurs, non apprêtées.	(B)	
Toutes les pelleteries non dénommées dans le présent article, payeront les droits de celles auxquelles elles seront assimilées.		
Tous les ouvrages en pelleterie, comme manchons, fourrures, etc., payeront 15 p. % de la valeur.		
Peaux de lapins blancs, riches, roux, noirs et bruns, apprêtées, la pièce.		10
Pendules. (V. Horlogerie.)		
Pennes ou Paines de laine et de fil.	(B)	
Pereille, même apprêtée.	(B)	
Perles fausses. (*Loi du* 1er. *août.*) (à Mercerie.)		
Perles fines non montées.	(B)	
Perrigord ou Périgueux.	(B)	
Perruques, la pièce.	2	
Persil de Macédoine.	10	20
Pieds d'élan, le cent en nombre.	1	50
Pierres à aiguiser.	1	2
Pierres Arméniennes.	20	40
Pierres à bâtir.	(B)	
Pierres à chaux. (*Loi du* 1er. *août* 1792.) (Comme Chaux.)		
Pierres de choin, même taillées sans être polies.	(B)	
Pierres de choin polies, en cheminées, etc. : à la valeur.	2 et ½ p. %	
Pierres de composition. (V. Ouvrages.)		
Pierres fausses ou fines, même montées.	(B)	
Pierres à feu, à fusil et arquebuse, compris celles à briquet.	4	8
Pierre de mangayer.		51
Pierres à plâtre.	(B)	
Pierre-ponce.	1	2
Pierres savonneuses.	(B)	
Pierres de touche.	2	4
Pignons blancs.	6	12
Pignons d'Inde.	8	16
Piment dit *de la Jamaïque.* (*Décis. du* 27 *mai* 1806) (Comme Poivre.)		

	ENTRÉE.	
	fr.	c.
Pinceaux, autres que de cheveux et de poil fin...	18	36
Pinceaux de poil fin........................	146	88
Pipes (à Mercerie.)		
Piqués de toute sorte. (*Loi du 10 brumaire an* 5.) (Prohibés.)		
Pirestre....................................	5	10
Pistaches. (V. Fruits.)		
Pivoine (racines et fleurs de)................	6	12
Plaqués. (V. Ouvrages.)		
Platine, métal précieux. (*Lettre du* 20 *juin* 1807.)	(B)	
Plâtre......................................	(B)	
Plomb brut et en saumon......................	6	12
Plomb à tirer et en grenaille.................	9	18
Plomb laminé et ouvré de toute autre sorte......	18	36
Plumes non-apprêtées d'autruche, d'aigrette, d'espadon, de héron, d'oiseau couronné, et autres qui entrent dans le commerce des plumassiers. (*Loi du* 30 *avril* 1806.)................	500	
Les mêmes apprêtées. (*Même loi.*) au net...	1500	
Plumes de qualité inférieure, comme petites noires, bailloques et de vautour, non-apprêtées. (*Même loi*)................................	150	
Les mêmes apprêtées, (*Même loi.*) au net...	500	
Plumes à écrire, brutes. (*Même loi.*)..........	20	
Plumes à écrire apprêtées. (*Même loi.*)........	100	
Plumes à lit. (*Même loi.*)....................	30	
Poids de marc et tous autres ustensiles destinés à peser ou à mesurer suivant l'ancien usage. (*Loi du* 18 *germinal an* 3.) (Prohibés.)		
Les Poids de fonte dont les anneaux sont brisés, ne sont pas compris dans la prohibition. (*Décision du* 26 *prairial an* 7.)		
Poil en masse et non filé, de lapin, de lièvre, castor, chameau, bouc, chèvre et chevreau...........	(B)	
Poil de vache. (*Lettre du* 7 *pluviose an* 9.) (Comme Bourre ou ploc.)		
Poil, ploc et duvet d'autruche. (V. Autruche.)		
Poils filés et en écheveaux, excepté ceux ci-après. (*Loi du* 10 *brumaire an* 5.) (Prohibés.)		
Poil de chèvre filé. (*Loi du* 30 *avril* 1806.).......	10	
Poil de chien filé..........................	(B)	
Poil ou soie de porc ou de sanglier. (*Loi du* 30 *avril* 1806.)................................	15	
Poiré, le muid de Paris, de 144 pots (268 litres $\frac{1}{10}$e.)	6	
Poisson d'eau douce, frais....................	(B)	
Poisson de mer frais, sec, salé ou fumé (sauf les		

ENTRÉE.	fr.	c.
espèces dénommées au présent tarif) (1), *(Loi du 22 ventose an 12.)*	20	
Poivre à queue. (V. Cubêbe.)		
Poivres de toute autre sorte, même ceux connus sous la dénomination de poivre long, corail de jardin ou piment en graines ou en grabeau. *(Loi du 30 avril 1806.)* au net	150	
Poix grasse, poix noire, poix résine *(Même loi.)*	3	
Polium montanum	3	6
Polozum ou Fonte verte	24	48
Pommades de toutes sortes	61	20
Pompholix ou Calamine blanche	6	12
Porcelaine commune	163	20
Porcelaine fine	326	40
Porte-feuilles de basane. *(Loi du 1er. août 1792.)* (Comme Mercerie commune.)		
Porte-feuilles de maroquin. *(Loi du 10 brumaire.)* (Prohibés.)		
Potasse	(B)	
Poterie de grès. (V. Faïence.)		
Poterie de terre grossière	3	6
Poudre à poudrer, excepté celles ci-après	12	24
Poudre de senteur	91	80
Poudre de Chypre, la liv.	4	8
Poudres à tirer. *(Lois des 15 mars 1791 et 13 fructidor an 5)* (Prohibées.)		
Pouliot de Virginie	2	4
Pourpre naturelle et factice	15	30
Pozzolanne	(B)	
Presle (feuilles de)		51
Pressure	(B)	

Q.

	fr.	c.
Quercitron. (Écorce de chêne blanc concassée ou moulue.) *(Loi du 1er. pluviose an 13.)*	5	
Queues de martre, etc. (V. Pelleterie.)		
Quincaillerie fine ou commune en fer, sauf les exceptions ci-après. (*Loi du 10 brumaire an 5.*) (Prohibée.)		
Faulx, faucilles, scies, vrilles et autres instrumens aratoires	40	80

(1) On répute poissons de mer les saumons et esturgeons pêchés dans l'Escaut. (*Décision du 27 vendémiaire an 7.*)

	fr.	c. ENTRÉE.
Limes communes............................	20	40
Alènes, broches, carlets, emporte-pièces, limes fines à orfèvre et à horloger, et toutes limes en acier...........................	76	50
Les patins sont dans cette classe. (*Lettre du 27 frimaire an 14.*)		
Quincaillerie en cuivre de toute sorte, ou avec cuivre rouge, jaune ou plaqué, sans or ni argent. (*Loi du 10 brumaire.*) (Prohibée.)		
Quinquina, (*Loi du 30 avril* 1806.) au net....	100	

R.

	fr.	c.
Racines d'alizari, d'angélique, de dictame, d'ellebore, de guimauve, de thymelée. (V. Garance sèche, Angélique, etc.)		
Raisiné de fruits cuits avec miel ou moût de vin (*Lettre du 24 nivose an 13*) : à la valeur.......	10	p. %
Raisins de Damas et de Corinthe. (V. Fruits).		
Ramonettes. (à Mercerie.)		
Rapatelle ou Toile de crin......................	20	40
Rapure d'ivoire..............................	10	20
Rapontic ou fausse Rhubarbe. (Prohibé.)		
Raquettes. (à Mercerie.)		
Redon ou Rodon.............................	(B)	
Redoul ou Rodoul (feuilles de)................	(B)	
Réglisse en bois. (*Loi du 30 avril* 1806.).......	5	
Régule d'antimoine..........................	8	16
(Celle en poudre est l'antimoine préparé.)		
Régule d'arsenic ou de cobalt.................	8	16
Régule d'étain..............................	24	48
Régule martial..............................	16	32
Régule de Vénus............................	40	80
Résine de jalap, au net.......................	61	20
Résine de sapin. (*Lettres des 20 fructidor an 13 et 29 mai* 1806.) (Comme Poix-résine.)		
Rhubarbe. (*Loi du 30 avril* 1806.) au net.....	120	
Rhue (feuilles de)...........................	2	4
Rhum, (*Lett. du ministre, du 27 prairial an 5.*) (Comme eau-de-vie autre que de vin.) (Prohibé.)		
Riccin.....................................	8	16
Riz. (*Loi du 30 avril* 1806.)..................	5	
Rocou. (*Loi du 8 floréal an 11*)...............	6	
Rogues ou résures de morue..................	(B)	
Romarin (fleurs de). (V. Fleurs.)		
Ronas......................................	(B)	

ENTRÉE.

	fr.	c.
Roseaux ordinaires	(B)	
Roseaux à l'usage des fabriques de toileries. (*Loi du* 1er. *août* 1792.)	(B)	
Roses fines et communes	10	20
Rosettes	2	4
Rotins ou roseaux des Indes pour faire meubles...	6	12
Rouge pour femme, la livre	8	16
Rubans anglais. (*Loi du* 10 *brumaire an* 5.) (Prohibés.)		
Rubans de fil écru et d'étoupes	61	20
Rubans de fil blanc	102	
Rubans dé fil teint	142	80
Rubans de fleuret ou filoselle (*Loi du* 1er. *août* 1792), comme passementerie de matières mêlées.		
Rubans de soie. (V. Passementerie.)		
Rubans, cordons et tresses de laine et fil de chèvre mêlés	122	40
Rubans ou tresses en poil de chèvre, mêlés de soie	204	
Ruches à miel	(B)	

S.

	fr.	c.
Safran. (*Loi du* 30 *avril* 1806.) la liv. net	9	
Safranum. (*Même loi.*)	10	
Saphre ou Zaphre	15	30
Sagu ou Sagou	20	40
Salep ou Salop	61	20
Salpêtre. (*Lois des* 15 *mars* 1791 *et* 13 *fructidor an* 5.) (Prohibé.) (1)		
Salsepareille. (*Loi du* 30 *avril* 1806.) au net	100	
Sandarac. (V. Gomme.)		
Sang de bouc ou bouquetin	15	30
Sang de dragon de toutes sortes	18	36
Sangles pour chevaux, (*Loi du* 1er. *août* 1792.) (Comme Harnais.)		
Sangles pour meubles, etc	122	40
Sanguine pour crayons		51
Sarrette ou Sariette	1	2
Sassafras ou Saxafras	3	6
Sauge	2	4

(1) Les fabricans qui l'emploient comme matière première, peuvent en tirer par l'Orient, le Hâvre, Dunkerque, Anvers ou Marseille (*Arrêté du* 27 *pluviose an* 8), en payant par quintal, le droit de 6 fr. 12 c. imposé par la loi du 1er. août 1792.

	fr.	c.	ENTRÉE.
Savon blanc. (*Loi du* 8 *floréal an* 11.)	24		
Savon noir. (*Même loi.*)	18		
Savonnettes	81	60	
Saxifrage (graine ou semence de)	3	6	
Scabieuse	2	4	
Scamonée, et résine de Scamonée (*Loi du* 30 *avril* 1806.), au net	300		
Scavisson. (V. Ecorce.)			
Schalls anglais. (*Loi du* 10 *brumaire an* 5.) (Proh.)			
Scilles ou Squilles marines	1	53	
Sebestes	4	8	
Sel ammoniac. (*Loi du* 30 *avril* 1806.) la livre...	1	50	
Sel ammoniac venant d'Égypte, sur bâtiment français. (*Même loi.*) la livre		50	
Sel gemme ou Sel fossile naturel	10	20	
Sel d'Epsum ou Duobus	6	12	
Sel de Glauber. (*Loi du* 1er. *août* 1792.) (Comme Sel d'Epsum.)			
Sel marin et Sel de salines. (Prohibés.)			
Sel de nitre. (V. Nitre.)			
Sel d'oseille	10	20	
Sel de quinquina. (Prohibé.)			
Sel de rhubarbe. (Prohibé.)			
Sel de saturne et de tartre	20	40	
Sel végétal, de saignette et de lait	20	40	
Sel volatil de cornes de cerf, de vipère, de carabé, au net	122	40	
Sel (pierre ou crasse de) (V. Crasse.)			
Selles pour chevaux. (*Loi du* 1er. *août* 1792.) (Comme Harnais.)			
Semen Cartami. (V. Cartami.)			
Semen contra ou Barbotine. (*Loi du* 30 *avril.*)...	30		
Semen Dauci. (V. Daucus.)			
Semence de ben	4	8	
Semences froides et autres médicinales	6	12	
Semouille. (*Loi du* 30 *avril* 1806.)	8		
Séné en feuilles, follicules ou grabeau, (*Même loi.*) au net	50		
Sénéka ou Poligata de Virginie	8	16	
Senneyé	1	2	
Serans, outils propres à peigner le chanvre. (*Loi du* 1er *août* 1792.) (Comme Instrumens aratoires.)			
Serpentine ou serpentaire	10	20	
Serpes et serpettes. (Comme Instrumens aratoires.)			
Seseli	3	6	
Sifflets d'os et d'ivoire. (à Mercerie.)			
Similor. (V. Tombac.)			

f

ENTRÉE.	fr.	c.
Sirop de kermès	10	20
Sirops non dénommés	51	
Smalt. (*Circulaire du 23 pluviose an 13.*) (Comme Azur en poudre.)		
Soies grèzes de toutes sortes, excepté celles ci-après, la livre net	1	2
Soies grèzes doubles ou doupions, la livre net		51
Soies ouvrées en trame, poil et organsin, la livre net	2	4
Soies à coudre, crues, la livre net	2	4
Soies teintes, la livre net	3	6
fleuret ou filoselle crud, la livre net		82
Ce droit est applicable au fleuret ou filoselle filé, crud. (*Lettre du 17 janvier 1807.*)		
fleurets teints, la livre net	3	6
cocons et bourre de soie de toutes sortes	(B)	
bourre de soie cardée, la livre net		82
Soldanelle ou Choux de mer	3	6
Son de toutes sortes de grains	(B)	
Sorbec	36	72
Souchet ou Cyperus de toute sorte	2	4
Soudes	(B)	
Soufflets. (à Mercerie.)		
Soufre brut ou vif	(B)	
Soufre en canons	2	4
Soufre (fleur de). (V. Fleur.)		
Spalt	(B)	
Spica celtica ou Nard celtique	6	12
Spicanardi ou Nard indien	20	40
Spode	4	8
Squænante ou Pailles de squenante	20	40
Squine ou Esquine	6	12
Staphisaigre	3	6
Stecas ou Sticade	3	6
Stil de grains	12	24
Stockvisch. (*Loi du 22 ventose an 12.*)	8	
Storax calamite	20	40
Storax liquide	6	12
Storax rouge et en pain	8	16
Stuc	(B)	
Sublimé doux et corrosif	30	60
Sucre brut. (*Loi du 30 avril 1806.*) au net	55	
Sucre tête et terré. (*Même loi.*) au net	100	
Sucres rafinés. (*Loi du 8 floréal an 11.*) (Prohib.)		
Suie de cheminée	(B)	
Suifs	(B)	
Sumac	(B)	

T.

	fr.	c
TABAC en feuilles (*Loi du* 30 *avril* 1806.), au net:		
Par bâtimens étrangers et par terre..........	200	
Par bâtimens français.......................	180	
Tabac en côtes. (*Décision du* 12 *frimaire an* 6.) (Comme Tabac en feuilles.)		
Tabac fabriqué ou seulement préparé. (*Loi du* 22 *brumaire an* 7.) (Prohibé.)		
Ce qui comprend le Tabac en cigarres. (*Décision du* 22 *frimaire an* 7.)		
Tableaux sans bordures	(B)	
Tableaux à cadres ou bordures : à la valeur, sur l'estimation des cadres ou bordures seulement.	15 p. %	
Si les Tableaux sont sous verres, l'estimation des verres doit être ajoutée. (*Lettre du* 24 *fructidor an* 13.)		
Tabletterie. (*Loi du* 10 *brumaire an* 5.) (Prohib.)		
Talc....................................	(B)	
Talc de Moscovie ou Mica..................	(B)	
Tamarin. (*Loi du* 30 *avril* 1806.).............	20	
Tambours et tamis. (à Mercerie.)		
Tan......................................	(B)	
Tannesi ou Herbe aux vers..................	10	20
Tapisseries, excepté celles ci-après............	244	80
Tapisseries façon d'Anvers et de Bruxelles......	81	60
Tapisseries avec or et argent.................	489	60
Tapisseries peintes.........................	91	80
Tapis non anglais, savoir :		
de laine..................................	146	88
de fil et laine	102	
de soie, ou mêlés de soie..................	306	
Tapis dits anglais. (*Loi du* 10 *brumaire*.) (Prohib.)		
Tapis en poil de bœuf, qui se fabriquent aux environs de Bréda, (*Lettre du* 28 *octobre* 1807.)		
Comme omis : à la valeur..................	10 p. %	
Tapsic noir et blanc	2	4
Tartre. (*Loi du* 30 *avril* 1806.)................	6	
Terra-merita ou Curcuma...................		51
Terre d'ombre.............................	(B)	
Terre de Lemnos..........................	(B)	
Terre rouge ou rouge d'Inde................	(B)	
Terre rubrique............................	(B)	
Terre moulard ou cimolée..................	(B)	
Terre à pipe..............................	(B)	
Terre sigillée..............................	(B)	

ENTRÉE.	fr.	c.
Terre verte..............................	2	4
Thé, (*Loi du* 30 *avril* 1806.) de quelque pays qu'il vienne, savoir :		
Celui dont la valeur sera au-dessous de 8 fr., la livre net..............................	3	
Celui dont la valeur sera de 8 fr. et au-dessus, la livre net..............................	3	
Plus, pour ce dernier, un droit additionnel de 10 p. % de la valeur.		
Térébenthine commune..........	3	57
Térébenthine de Venise..................	15	30
Thymélée ou Garou (racine de)............	(B)	
Thon mariné..............................	91	80
Tiges de bottes, (*Loi du* 10 *brumaire an* 5.) (Prohibées comme cuir ouvré.)		
Tire-bouchons. (à Mercerie.)		
Tilleul (écorce de)......................	(B)	
Tissus de laine et fil teints. (*Loi du* 1er. *août* 1792.) (Comme Rubans de fil teints.)		
Toile de chanvre ou de lin, écrue. (*Loi du* 3 *frimaire an* 5.)..............................	51	
Toile de chanvre ou de lin, blanche. (*Idem.*)....	61	20
Toile à voile. (Comme celle ci-dessus, suivant qu'elle est écrue ou blanche.) (*Circulaire du* 5 *frimaire an* 5.)		
Toile préparée pour peindre (C'est une toile grasse.) (*Loi du* 1er. *août* 1792.)..................	20	40
Toiles de coton ou de fil et coton; qu'elles soient blanches, teintes, peintes ou imprimées. (*Loi du* 30 *avril* 1806.) (Prohibées.)		
Toiles de pur fil, peintes ou teintes............	275	40
Toiles à carreaux pour matelats..............	81	60
Toiles cirées de toutes sortes................	40	80
Toiles gommées, treillis, bougrans et autres toiles à chapeaux noires ou d'autres couleurs........	30	60
On range dans cette classe les Toiles ajamis bleues du Levant. (*Décis. du* 2 *messidor an* 5.); les Toiles grossières et n'étant propres qu'aux emballages. (*Lettre du* 27 *mai* 1807.)		
Toile de crin. (V. Rapatelle.)		
Toile-Nankin, (*Loi du* 30 *avril* 1806.) par mètre.		50
Tombac, Similor ou Métal de prince et de Manheim, non-ouvré..............................	15	30
Tombac ouvragé. (*Loi du* 10 *brumaire an* 5.) (Prohibé.)		
Tormentille..............................	2	4

	ENTRÉE	
	fr.	c.
Tourbe	(B)	
Tournesol ou Maurelle en drapeaux	(B)	
Tournesol en pâte. (V. Pâte)		
Tournesol en pain et en pierre. (*Lettre du* 12 *janvier* 1808.) (Comme Tournesol en pâte.)		
Tours d'horlogers. (V. Étaux.)		
Toutenague ou zinc	(B)	
Tresses. (V. Rubans.)		
Tripoli. (V. Alana.)		
Truffes fraîches	36	72
Truffes sèches	20	40
Tuiles. (V. Briques.)		
Tulles anglais. (*Circul. du* 1er. *juillet* 1806.) (Prohibés.)		
Turbit	10	20
Tussilage ou Pas-d'âne	2	4
Tutie	2	4

U.

Usnée	2	4

V.

Vanille ou Badille, la livre net	12	24
Vélin	12	24
Velours de coton. (*Loi du* 10 *brumaire an* 5.) (Proh.)		
Vendange et moût. (*Loi du* 22 *ventose an* 12.) Les deux tiers du droit sur le vin.		
Verd-de-gris sec et en poudre	15	30
Verd-de-gris crystallisé	20	40
Verd-de-gris humide	6	12
Verd de vessie	20	40
Verd de montagne	15	30
Verjus, le muid	6	
Vermeil	20	40
Vermicelli. (*Lettre du* 25 *avril* 1807.) (Compris dans les Pâtes d'Italie.)		
Vermillon. (*Loi du* 30 *avril* 1806.)	100	
Vernis de toutes sortes	40	80
Verre d'antimoine	8	16
Verre cassé. (V. Groisil.)		
Verre de Moscovie	(B)	
Verres en bouteilles pleines, (*Loi du* 30 *avril* 1806.) le cent en nombre	12	
Verres en fioles pleines, (*Lettre du* 10 *avril* 1807.)		

	fr.	c.
à la valeur	10 p. $\frac{0}{0}$	
Verrerie de toute autre espèce, excepté les verres servant à la lunetterie et à l'horlogerie. (*Loi du* 10 *brumaire.*) (Prohibée)		
Les fiasques sont comprises dans cette prohibition. (*Lettre du* 20 *mars* 1807.)		
Vez-cabouli	6	12
Vif-argent. (V. Argent-vif.)		
Vinaigre, (*Loi du* 30 *avril* 1806.) le litre		10
Vins de liqueur, tels que ceux de Malaga, Pakaret, Kérès, Rota, Alicante, Constance, du Cap, de Madère, de Tokai, et autres, soit qu'ils entrent en futailles ou en bouteilles, (*Loi du* 30 *avril* 1806.) le litre	1	
Le vin de Pedro-Ximénès, quoique faisant partie des vins de liqueur, ne paiera, à la douane d'Anvers, que comme vin ordinaire. (*Décision du* 5 *frimaire an* 14.)		
Vins ordinaires, de quelque pays qu'ils viennent, (*Loi du* 30 *avril* 1806.) par litre		25
Le Vin de Porto est dans cette classe. (*Lettre du* 5 *mars* 1806.)		
Viorne ou Hardeau (feuilles et baies de)	2	4
Vipères vivantes et sèches, le cent en nombre	5	
Vitriol blanc	15	30
Vitriol bleu. (V. Couperose.)		
Vitriol de Chypre. (*Loi du* 1er. *août* 1792.) (Comme Couperose ou Vitriol bleu.)		
Vitriol rubifié. (V. Calcantum.)		
Voitures vieilles ou neuves, montées ou non montées, excepté celles servant aux voyageurs. (*Loi du* 10 *brumaire an* 5.) (Prohib.)		
Volailles	(B)	
Volans. (à Mercerie.)		
Vrilles. (à Quincaillerie.)		
Vulnéraires (herbes.)	4	8

Z.

ZÉDOAIRE ou Citouard	18	36

Objets omis au tarif d'entrée.

Ils doivent : ceux qui ont reçu quelque main-d'œuvre, dix pour cent de la valeur; ceux non ouvrés, trois pour cent. (*Article* 5 *du titre I de la loi du* 22 *août* 1791.)

Tare à déduire pour percevoir les droits sur ce qui est tarifé au poids net.

Toutes les marchandises paient les droits au poids brut, à l'exception de celles ci-après, lesquelles acquitteront au poids net. (*Loi du* 22 *août* 1791, *titre I*, *article* 3.)

SAVOIR:

Dentelles. (*Même article.*)

Drogueries et épiceries dont le droit excède 40 fr. 80 c. par quintal. (*Même article et décision du* 11 *germinal an* 11.)

Ce qui s'applique aux marchandises de la même espèce, qui, précédemment imposées à des droits inférieurs à celui de 20 fr. par 5 myriagram., se trouvent aujourd'hui assujetties à des droits excédant cette quotité de 20 f. par 5 myriagram. (*Lettre du* 9 *ventose an* 13.)

Ouvrages de soie, or et argent. (*Même article* 3.)

Tabacs. (*Même article.*)

Plumes apprêtées et soies. (*Loi du* 1er. *août* 1792, *art.* 9.)

Sucres, café, cacao et poivre. (*Loi du* 8 *floréal.*)

Coton en laine. (*Décision du* 9 *avril* 1806.)

La tare est de 15 pour $\frac{0}{0}$ sur les sucres bruts en futailles. (*Loi du* 8 *floréal*, *tit.* 4, *art.* 11.)

De 12 pour $\frac{0}{0}$ pour les sucres têtes et terrés, le café, le cacao et le poivre, aussi en futailles. (*Même art.*)

De 3 pour $\frac{0}{0}$ sur les cafés, cacao et poivre en sacs. (*Même article.*)

De 12 pour $\frac{0}{0}$ sur le tabac en boucauds, et les drogueries et épiceries en futailles, et de 2 pour $\frac{0}{0}$ sur les mêmes objets en paniers ou en sacs. (*Loi du* 22 *août* 1791, *tit.* 1er, *art.* 3.)

De 6 pour $\frac{0}{0}$ sur les cotons en laine en ballots, et de 8 sur les ballotins au-dessous du poids de 100 lb., poids de marc, ou 50 kilogrammes. (*Décision de S. M. l'Empereur*, *du* 9 *avril* 1806.)

A l'égard des ouvrages de soie, or et argent, et des dentelles (des plumes apprêtées et de la soie), la perception en sera faite sur la déclaration au poids net, sauf la vérification de la part des préposés. (*Loi du* 22 *août*, *tit.* 1er, *art.* 3.)

Lorsque des marchandises sujettes aux droits au poids net ou à la valeur, se trouvent dans les mêmes balles, caisses ou futailles, avec d'autres marchandises qui doivent les droits au poids brut, la totalité desdites caisses, balles ou futailles, acquitte au poids brut. (*Même article.*)

ENTRÉE. Toute marchandise qui, étant tarifée au brut, est dans une double futaille, ne doit les droits que déduction faite du poids de la futaille qui lui sert d'une seconde enveloppe. (*Loi du* 1er. *août* 1792, *art.* 9.)

Dans le cas où une balle ou futaille contient des marchandises assujetties à des droits différens, le brut de la balle ou de la futaille doit être réparti sur chacune des espèces qui y sont contenues, dans la proportion de leurs quantités respectives. (*Même article.*)

PROHIBITIONS A L'ENTRÉE.

Les articles grevés de prohibition absolue à l'entrée, sont rangés au tarif par ordre alphabétique.

Prohibition à défaut de certificat d'origine.

Tous objets de fabrique étrangère dont l'entrée est permise, ne sont admis dans l'intérieur de l'empire, qu'autant qu'ils sont accompagnés de certificats d'origine, conformément à la loi du 1er. mars 1793. (*Loi du* 10 *brumaire an* 5, *art.* 13.)

Les objets de fabrique de l'Inde, ne peuvent être importés qu'autant qu'ils sont accompagnés de certificats délivrés par les compagnies hollandaises ou danoises, visés par les consuls de France, constatant que ces objets proviennent du commerce de ces compagnies. (*Même article.*)

Les tableaux sont admissibles quelle qu'en soit l'origine. (*Lettre du ministre de l'intérieur, du* 5 *fructidor an* 11.)

Prohibition d'entrée par quelques bureaux de terre.

On ne peut admettre par des bureaux de terre non placés sur les grandes routes :

Plus de cinq livres métriques pesant de drogueries et épiceries ;

Plus de vingt-cinq livres, aussi métriques, de toile de lin et de chanvre, blanche ou écrue, de basin de fil, bougrans et treillis ;

Des soies et filoselles, telle modique qu'en soit la quantité ;

Des siamoises, des batistes et des linons.

(*Loi du* 22 *août* 1791, *tit.* 4, *art.* 1, 2, 3, 4 *et* 5.)

Restriction d'entrée pour certaines fabrications.

Les cotons filés ne peuvent entrer que par les bureaux

d'Anvers, Cologne, Mayence, Strasbourg, Bourg-Libre et Versoix. (*Loi du 30 avril 1806, art. 4.*)

L'entrée des nankins par terre, est restreinte aux bureaux précédemment ouverts à l'importation des toiles de coton (1). (*Décision du ministre des finances, du 31 mars 1807*) : par mer, aux ports d'entrepôt réel ou fictif. (*Circulaire du 23 pluviose an 13.*)

Pour les tabacs en feuilles, (V. Tabacs.)

Prohibition du commerce et de ce qui vient des ports de la Grande-Bretagne.

Tous les bâtimens qui, après avoir touché en Angleterre, par quelque motif que ce soit, entreront dans les ports de France, seront saisis et confisqués, ainsi que les cargaisons, sans exception, ni distinction de denrées et marchandises. (*Décret impérial du 23 novembre 1807, art. 1er.*)

Les capitaines des bâtimens qui entreront dans les ports de France, devront, dans le jour de leur arrivée, faire au bureau des douanes impériales une déclaration du lieu de leur départ, de ceux où ils ont relâché, et lui présenter leurs manifestes, connaissemens, papiers de mer et livres de bord. (*Art. 2.*)

Lorsque le capitaine aura signé et remis sa déclaration, et communiqué ses papiers, le chef des douanes interrogera séparément les matelots en présence des deux principaux préposés. S'il résulte de cet interrogatoire, que le bâtiment a touché en Angleterre, indépendamment de la saisie et confiscation dudit bâtiment et de sa cargaison, le capitaine sera, ainsi que ceux des matelots qui, dans leur interrogatoire, auraient fait une fausse déclaration, constitué prisonnier, et ne sera mis en liberté qu'après avoir payé une somme de *six mille francs* pour son amende personnelle, et celle de *cinq cents francs* pour chacun des matelots arrêtés, sans préjudice des peines encourues par ceux qui falsifient leurs papiers de mer et livres de bord. (*Même article.*)

Si des avis et renseignemens donnés aux directeurs des douanes élèvent des soupçons sur l'origine des cargaisons, elles seront mises provisoirement en entrepôt, jusqu'à ce qu'il ait été reconnu et décidé qu'elles ne proviennent ni d'Angleterre, ni de ses colonies. (*Art. 3.*)

Les commissaires des relations commerciales qui délivreront des certificats d'origine pour les marchandises qui seront

---

(1) Ces bureaux sont : Cologne, Coblentz, Mayence, Strasbourg, Bourg-Libre, Verrières-de-Joux, Versoix et Verceil.

ENTRÉE chargées dans les ports de leur résidence, à destination de ceux de France, ne se borneront pas à attester que les marchandises ou denrées ne viennent ni d'Angleterre, ni de ses colonies et de son commerce; ils indiqueront le lieu de l'origine, les pièces qui leur ont été représentées à l'appui de la déclaration qui leur a été faite, et le nom du bâtiment à bord duquel elles ont été transportées primitivement du lieu de l'origine dans celui de leur résidence. (*Art.* 4.)

Ils adresseront un duplicata de leur certificat au conseiller d'état directeur-général des douanes. (*Même article.*)

Un décret impérial, du 17 décembre 1807, étend ces dispositions. Il est ainsi conçu :

NAPOLÉON, Empereur des Français, Roi d'Italie et Protecteur de la confédération du Rhin,

Vu les dispositions arrêtées par le gouvernement britannique, en date du 11 novembre dernier, qui assujettissent les bâtimens des puissances neutres, amies et même alliées de l'Angleterre, non-seulement à une visite par les croiseurs anglais, mais encore à une station obligée en Angleterre, et à une imposition arbitraire de tant pour cent sur leur chargement, qui doit être réglée par la législation anglaise;

Considérant que, par ces actes, le gouvernement anglais a dénationalisé les bâtimens de toutes les nations de l'Europe; qu'il n'est au pouvoir d'aucun gouvernement de transiger sur son indépendance et sur ses droits, tous les souverains de l'Europe étant solidaires de la souveraineté et de l'indépendance de leur pavillon; que si, par une faiblesse inexcusable et qui serait une tache ineffaçable aux yeux de la postérité, on laissait passer en principe et consacrer par l'usage une pareille tyrannie, les Anglais en prendraient acte pour l'établir en droit, comme ils ont profité de la tolérance des gouvernemens pour établir l'infâme principe que le pavillon ne couvre pas la marchandise, et pour donner à leur droit de *blocus* une extension arbitraire et attentatoire à la souveraineté de tous les états;

Nous avons décrété et décrétons ce qui suit :

Art. Ier. Tout bâtiment, de quelque nation qu'il soit, qui aura souffert la visite de vaisseaux anglais, ou se sera soumis à un voyage en Angleterre, ou aura payé une imposition quelconque au gouvernement anglais, est par cela seul déclaré dénationalisé, a perdu la garantie de son pavillon, et est devenu propriété anglaise.

II. Soit que lesdits bâtimens ainsi dénationalisés par les mesures arbitraires du gouvernement anglais, entrent dans nos ports ou dans ceux de nos alliés, soit qu'ils tombent au pouvoir de nos vaisseaux de guerre, ou de nos corsaires, ils sont déclarés de bonne et valable prise.

III. Les îles britanniques sont déclarées en état de blocus sur mer comme sur terre. Tout bâtiment, de quelque nation qu'il soit, quel que soit son chargement, expédié des ports d'Angleterre, ou des colonies anglaises, ou de pays occupés par les troupes anglaises, ou allant en Angleterre, ou dans les colonies anglaises, ou dans des pays occupés par des troupes anglaises, est de bonne prise, comme contrevenant au présent décret; il sera capturé par nos vaisseaux de guerre ou par nos corsaires, et adjugé au capteur. ENTRÉE.

IV. Ces mesures, qui ne sont qu'une juste réciprocité pour le système barbare adopté par le gouvernement anglais, qui assimile sa législation à celle d'Alger, cesseront d'avoir leur effet pour toutes les nations qui sauraient obliger le gouvernement anglais à respecter leur pavillon. Elles continueront d'être en vigueur pendant tout le tems que ce gouvernement ne reviendra pas aux principes du droit des gens, qui règle les relations des états civilisés dans l'état de guerre. Les dispositions du présent décret seront abrogées et nulles par le fait, dès que le gouvernement anglais sera revenu aux principes du droit des gens, qui sont aussi ceux de la justice et de l'honneur.

Pour assurer l'exécution de ces mesures contre le système maritime de l'Angleterre, Sa Majesté impériale et royale a rendu, le 11 janvier 1808, un décret dont la teneur suit :

Lorsqu'un bâtiment entrera dans un port de France ou des pays occupés par nos armées, tout homme de l'équipage ou passager qui déclarera au chef de la douane que ledit bâtiment vient d'Angleterre ou des colonies anglaises, ou des pays occupés par les troupes anglaises, ou qu'il a été visité par des vaisseaux anglais, recevra le tiers du produit net de la vente du navire et de sa cargaison, s'il est reconnu que sa déclaration est exacte. (*Article* 1er.)

Le chef de la douane qui aura reçu la déclaration indiquée dans l'article précédent, fera, conjointement avec le commissaire de police qui sera requis à cet effet, et les deux principaux préposés des douanes du port, subir, séparément, à chacun des hommes de l'équipage et passagers, l'interrogatoire prescrit par l'article 2 du décret du 23 novembre 1807. (*Article* 2.)

Tout fonctionnaire ou agent du gouvernement qui sera convaincu d'avoir favorisé des contraventions aux décrets des 23 novembre et 17 décembre 1807, sera traduit devant la cour criminelle du département de la Seine, qui se formera, à cet effet, en tribunal spécial, et poursuivi et puni comme coupable de haute-trahison. (*Article* 3.)

ENTRÉE.

Pêches françaises.

Toute pêche nationale est essentiellement exempte des droits d'entrée, quel que soit l'objet de ses produits.

Ceci s'applique :

Au *corail* provenant des pêches faites par les navires armés dans les ports de l'île de Corse et de la ci-devant Ligurie. (*Lettres des* 5 *novembre* 1806 *et* 12 *novembre* 1807.)

Aux produits de la pêche du *thon* faite sur les côtes de la Sardaigne par les sujets de la ci-devant Ligurie; sous les mêmes conditions que les produits des autres pêches françaises. (*Loi du* 7 *septembre* 1807, *article* 11.)

Les capitaines ou armateurs seront tenus de faire, à la douane du lieu de leur départ, ou à la plus prochaine, la déclaration de leurs navires, de leur contenance, de leur avituaillement, et de la destination pour la pêche du thon, avec soumission de revenir au port qu'ils indiqueront. (*Même loi*, *article* 12.)

Au retour, ils déclareront les produits de leur pêche : ils en justifieront par le certificat, soit des autorités françaises, soit, à leur défaut, des magistrats du lieu où les bâtimens ont abordé en Sardaigne; et les déclarations seront vérifiées sur les journaux de bord présentés à l'appui, relatant les événemens et les opérations de la pêche. (*Article* 13.)

DROITS DE SORTIE, et quotité de ces droits, non compris le décime par franc.

Nota. **Le droit énoncé se perçoit par quintal décimal, quand il n'est pas exprimé qu'il est dû au kilogramme (qui est la livre métrique), au nombre, par tête ou pièce, ou à la valeur; au brut, quand il n'est pas spécifié que c'est au net.**

Les productions non comprises dans ce tarif, doivent 15 *centimes pour* 100 *francs de valeur.* (Loi du 24 nivose an 5.)

A.

	fr.	c.
Aciers et fers et ouvrages uniquement composés de ces matières, à l'exception des fontes en gueuse, (*Loi du* 9 *floréal an* 7.)		50
Alun (*Loi du* 24 *nivose an* 5.) :		
Par le département de la Roër (1)..........	1	2
Par les autres départemens,...............	2	4
Amidon et Poudre à poudrer, dont la prohibition a été ordonnée les 15 floréal an 8 et 27 pluviose an 10, peuvent sortir par toutes les frontières de terre, et par les ports ouverts à l'exportation des grains, en payant, conformément à la loi du 24 nivose an 5, 2 fr. 4 c. par quintal. (*Lettres du ministre de l'intérieur, des* 14 *mars*, 17 *octobre et* 6 *décembre* 1806.)		
Amurca ou Marc d'olive.......................	1	2
Anes et ânesses, par tête......................		25
Ardoises, par les départemens réunis correspondant à ceux du Nord et des Ardennes, (*Loi du* 1er. *août* 1792.) le mille en nombre.........	1	
Armes. (*Loi du* 19 *thermidor an* 4.) (Prohibées.)		
Cette prohibition comprend toute espèce de fusils et pistolets, quelques ornemens qu'ils aient reçus, soit qu'ils soient montés ou		

(1) En accompagnant l'envoi d'un certificat d'origine du département de l'Ourthe, délivré par le maire ou autre magistrat. (*Décision du* 8 *fructidor an* 8.)

SORTIE. | fr. c.

en pièces détachées (*Ordres du ministre de la guerre, des 23 ventose et 4 prairial an 12, et Lettre de celui des finances, du 5 thermidor suivant.*) : — Les fusils à vent (*Ordre du ministre de la guerre, du 20 fructidor an 13.*) : — Les fusils dits *de traite*, lesquels ne peuvent sortir, jusqu'à la paix générale, sans une autorisation du ministre de la guerre (*Loi du* 30 *avril* 1806.) : — Les armes blanches, de quelque espèce qu'elles soient, enrichies ou sans ornemens (1) (*Lettre du ministre de la guerre, du* 21 *mars* 1806.)

Armes de luxe de la fabrique de Liége, peuvent être exportées, à la charge de ne point excéder le calibre de 22 à la livre; d'être revêtues, sur le canon, de la marque EX, et de sortir par l'un des bureaux d'Anvers, Venloo, Cologne et Verceil (2) (*Loi du* 1er. *pluviose an* 13.); elles devront acquitter (*Loi du* 30 *avril* 1806.), à la valeur............................ 5 p. %

B.

Bateaux et Nacelles. (V. Navires.)

Beurres. (*Loi du* 22 *ventose an* 12.) (Prohibés.)

Bœufs, sauf l'exception ci-après, (*Loi du* 19 *thermidor an* 4.) (Prohibés.)

Bœufs, pour l'Espagne, la partie de la Suisse qui confine au ci-devant département du Mont-Terrible, et par les départemens de la 27e. division militaire, (*Loi du* 30 *avril* 1806.) par tête.... 12

Bois de construction navale et civile; Bois merrain et tous autres, sauf les exceptions ci-après, (*Lois des* 15 *mars* 1791 *et* 22 *ventose an* 12.) (Prohibés.)

Bois de pin et sapin des départemens frontières d'Espagne, dont la loi du 22 ventose an 12 permet la sortie, paient (*conformément à la loi du* 24 *nivose an* 5), savoir : Les planches de *dix*

---

(1) La prohibition ne s'étend point aux fleurets, même non montés. (*Lettre du* 1er. *juin* 1807.)

(2) Cette exception n'est applicable qu'à celles de ces armes qui seront complettes. (*Décision du ministre de la guerre, du* 24 *vendémiaire an* 14.)

SORTIE.	fr.	c.
pieds et au-dessous, le mille en nombre......	6	25
Les poutres *de la même dimension*, la pièce..........................		13
Les solives, *idem*, la pièce..........		3
Les autres espèces : à la valeur.......	5 p. %	
Le tout à condition de sortir par les ports depuis Bordeaux jusqu'à St.-Jean-de-Luz, et par le Port-Vendres. (*Circulaire du* 19 *vendémiaire an* 13.)		
Bois de pin et sapin des rives du Rhin, de la Lys et de l'Escaut (*Loi du* 22 *ventose et Circul. du* 23 *germinal an* 12.) : à la valeur........	5 p. %	
Le département des Vosges peut être compris parmi ceux du Rhin. (*Lettre du* 4 *septembre* 1806.)		
Bois de pin et sapin des rives de la Meuse (*Décret du* 28 *mars* 1807 *et Lettre du* 15 *avril suivant.*) : à la valeur..................................	5 p. %	
Bois en planches ou autrement ouvrés, ne pouvant servir à la construction navale, sortant des départemens des Vosges, des Deux Nèthes, de la Meuse-Inférieure, de l'Ourthe, des Forêts et de la Moselle, de la vallée de Lucelle, du canton de Gex et du Mont-Blanc (*Loi du* 24 *nivose an* 5.) : à la valeur........................	5 p. %	
Bois à la poignée, depuis St.-Gingolph jusqu'à Thonon, inclusivement (*Même loi.*), à la val.	5 p. %	
Bois en planches, bûches et rameaux, provenant des bois de l'île de Corse, qui ne sont pas reconnus propres aux constructions navales, peuvent, pendant la guerre maritime, être expédiés pour l'Italie (*Loi du* 1er. *pluviose an* 13.) ; à la charge de l'acquit à caution, et du paiement des droits fixés par les lois des 19 thermidor an 4 et 24 nivose an 5.		
Bois de marqueterie, de tabletterie, de buis, d'éclisses, feuillards (*Loi du* 19 *thermidor an* 4) : à la valeur..................................	4 p. %	
Bois de teinture en bûches. (*Loi du* 24 *nivose an* 5.) (Comme bois de marqueterie.)		
Bois de teinture moulus. (*Loi du* 1er. *pluviose an* 13.) (Le droit de balance.)		
Bonneterie. (*Loi du* 24 *nivose an* 5.)..........	1	2
Bouteilles et barbues, quoique pleines de vin ou de liqueurs. (*Circul. du* 3e. *complément. an* 5.) (Le droit de balance.)		
Bourre ou ploc de toutes sortes...............	4	8

	fr.	c.
Bourre rouge et autres à faire lit	6	12
Bourre nolisse	6	12
Bourre tontisse	8	16
Bourre de chèvre et de laine	12	24
Brai et goudron (*Loi du* 30 *avril* 1806.) :		
Par navire français et par terre	1	
Par navire étranger	2	
Brou ou Écorce de noix	3	6

C.

	fr.	c.
CACAO et café. (V. l'article *Denrées coloniales.*)		
Caillou à faïence ou porcelaine. (*Loi du* 1er. *août* 1792.)		51
Caractères d'imprimerie. (*Décision du* 12 *germinal an* 7.)	4	8
Cartons gris ou pâtes de papier. (Prohibés.)		
Cartons en feuilles, autres que ceux ci-après, (*Loi du* 19 *thermidor an* 4.) (Prohibés.)		
Cartons fins à presser les draps (*Loi du* 22 *ventose an* 12.) : à la valeur	1 p. %	
Cendres de toutes sortes, même celles d'orfèvre lessivées. (*Loi du* 19 *thermidor an* 4.) (Prohib.)		
Les fabricans de savon des départemens du Mont-Tonnerre et de Rhin et Moselle, peuvent exporter sur la rive droite du Rhin les cendres lessivées provenant de leur fabrication, en payant le droit de balance. (*Loi du* 1er. *pluviose an* 13.)		
Chairs salées. (V. Viandes.)		
Chandelles. (*Loi du* 24 *nivose an* 5.)	2	55
Chanvres, même ceux provenant des départemens du Rhin. (*Loi du* 22 *ventose an* 12.) (Prohibés.)		
Chapeaux de poil et laine. (*Loi du* 24 *nivose an* 5.) la pièce		5
Charbon de bois, sauf les exceptions ci-après, (*Loi du* 19 *thermidor an* 4.) (Prohibé.)		
Charbon de bois, par les Deux-Nèthes, la Meuse-Inférieure, la vallée de Lucelle et le pays de Gex (*Même loi.*) : à la valeur	5 p. %	
Charbon de bois, par les départemens qui avoisinent le Rhin (*Loi du* 30 *avril* 1806.) : à la valeur.	20 p. %	
Charbon de terre, ou Houille (*Loi du* 24 *nivose an* 5) :		
Par l'Escaut ou par mer, le tonneau de mer de 10 quintaux 77 livres		75
Par terre, le mille pesant	1	2

	fr.	c.
Charbon de terre du pays de Nassau. (*Lettres des 29 frimaire et 3 ventose an 7.*) le mille pesant.		10
Chardons à drapiers et bonnetiers..............	6	12
Châtaignes. (V. Marrons.)		
Chaux. (*Loi du 30 avril* 1806.)................		15
Chevaux, jumens et poulains. (*Loi du 19 thermidor an 4.*) (Prohibés) (1).		
Chèvres. (*Même loi.*) (Prohibées.)		
Chocolat. (*Loi du 24 nivose an 5.*)............		51
Cire blanche (2). (*Même loi.*).................	1	2
Cire jaune. (*Même loi.*).......................	10	20
Cloches. (*Lettre du 13 nivose an 9.*)...........	1	2
Clouterie en fer et acier seulement. (*Loi du 9 floréal an 7.*)...........................		50
Cochenille. (*Loi du 24 nivose an 5.*)..........	1	2
Cochons. (*Loi du 30 avril* 1806.) par tête......	3	
Corail non travaillé, quelle qu'en puisse être l'origine. (*Lettre du ministre de l'intérieur, du 30 janvier* 1807.) (Prohibé.)		
Cordages usés. (Prohibés.)		
Cornes de bœufs, de vaches, cerfs, snacks, moutons, béliers, et autres communes..........	1	2
Côtes de feuilles de tabac. (*Loi du 30 avril* 1806.)	1	50
Cotons en laine. (*Loi du 22 ventose an 12.*)......	1	
Cotons filés. (*Loi du 1er. pluviose an 13.*) (Le droit de balance.)		
Couperose. (*Loi du 19 thermidor an 4.*)........	4	8
Couvertures de laine. (*Circul. du 22 messidor an 8.*) (Comme Étoffes.)		
Cuirs en poil. (*Loi du 19 thermidor an 4.*) (Prohibés.)		
Ceux venus de l'étranger peuvent être réexportés dans les six mois de l'arrivée, (*Loi du 24 nivose an 5.*) en payant, par cuir..		10
Cuirs en vert. (*Loi du 19 thermidor*) (Prohibés.)		
Cuirs tannés non corroyés, quand ils sont susceptibles de l'être. (*Loi du 22 ventose an 12.*) (Prohib.)		
La tannerie imprimant à ceux forts de bœuf et de vache toute la main-d'œuvre qui leur convient, la sortie en est permise, quoiqu'ils ne		

(1) Pour assurer le maintien de cette prohibition, le conducteur d'un cheval monté ou attelé qui ira à l'étranger, fournira soumission cautionnée de ramener ledit cheval dans un délai qui ne pourra excéder deux mois, à peine d'en payer la valeur (*Loi du 9 floréal an 7.*)

(2) La bougie ne doit que le droit de balance. (*Lettre du 9 frimaire an 8.*)

SORTIE. fr. c.

pèsent que 21 liv. poids de marc, la pièce. (*Lettres du ministre de l'intérieur, des 5 fructidor an* 11, 18 *vendémiaire an* 12 *et* 5 *pluviose an* 13.)

Ceux destinés à la reliure des livres peuvent également sortir. (*Lettre du même ministre, du* 7 *messidor an* 12.)

Cuivre non ouvré. (*Loi du* 19 *thermidor an* 4.) (Prohibé.)

Cuivre ouvré. (*Loi du* 24 *nivose an* 5.)......... 4 8

Cuivres laminés pour doublage des vaisseaux et à fond de chaudière, barres à cheville, clous de cuivre rouge durcis au gros marteau, clous de cuivre allié pour doublage et pentures de gouvernail. (*Loi du* 8 *floréal an* 11) (Le droit de balance.)

D.

Derle ou Terre de porcelaine................ 1 2

Drilles ou Chiffes, et toutes matières propres à la fabrication du papier et de la colle. (*Lois des* 3 *avril* 1793 *et* 19 *thermidor an* 4.) (Prohibées.)

Ce qui comprend les chiffons de toile de coton et de laine (*Loi du* 1er. *pluviose an* 13.) : — Les filets vieux (*Circulaire du* 20 *floréal an* 10.) : — Les papiers vieux. (*Lettre du* 26 *thermidor an* 13.)

E.

Eau-de-vie (*Loi du* 19 *thermidor an* 4.) le muid (268 lit. $\frac{1}{50}$e.)........................ 25

Écaille d'ablette........................ 4 8

Écorces à tan. (Prohibées.)

Écorces de tilleul pour cordages............. 8 16

Espèces. (V. Numéraire.)

Essandoles. (*Loi du* 1er. *août* 1792.) (Comme bois d'éclisses.)

Essence de térébenthine, et térébenthine en pâte. (*Loi du* 24 *nivose an* 5.)................ 51

Étain non ouvré. (*Loi du* 19 *thermidor an* 4.) (Prohibé.)

Étain ouvré. (*Loi du* 24 *nivose an* 5.)........ 5 10

Étoffes. (*Loi du* 24 *nivose an* 5.)............ 1 2

Étoupes de chanvre. (*Circulaire du* 23 *germinal an* 12.) (Comme Chanvre.)

F.

	fr.	c.
Farines. (*Lois des* 19 *thermidor an* 4 *et* 26 *ventose an* 5.) (Prohibées.)		
Ferraille et vieux fer. (Prohibés.)		
Fer-blanc. (*Loi du* 24 *nivose an* 5.)...........	2	55
Fers en gueuse. (*Même loi.*)..................	5	10
Fers de toute autre espèce. (V. Aciers.)		
Feuilles de myrte, et autres propres à la teinture et aux tanneries.........................	20	40
Celles récoltées en Corse, et nommées Mortina, à leur sortie de Corse seulement, (*Arrêté du* 27 *ventose an* 11.)...............	2	
Fil de cuivre pur, (*Lettre du* 4 *mai* 1807.) (Comme Cuivre ouvré.)		
Fil-de-fer. (*Loi du* 9 *floréal an* 7.)...........		50
Fil de laiton noir. (*Lettre du* 4 *mai* 1807.) (Comme Cuivre ouvré.)		
Fils de lin et de chanvre retors, autres que de mulquinerie et de linon, (*Loi du* 19 *thermidor an* 4.)	2	55
Fil simple................................	20	40
Fils de mulquinerie et de linon. (*Loi du* 19 *thermidor an* 4.) (Prohibés.)		
Filets vieux. (V. Drilles.)		
Fourrages. (*Loi du* 19 *thermidor.*) (Prohibés.)		
Forces à tondre les draps. (*Même loi.*) la pièce...	5	
Fouets. (*Même loi.*) (Comme Harnais.)		
Fromages. (*Loi du* 30 *avril* 1806.)............	1	
Fustet en feuilles ou branches.................	2	4
Futailles vides ou en bottes. (*Loi du* 19 *thermidor.*) (Prohibées.)		

G.

	fr.	c.
Gants de peau. (V. Ouvrages.)		
Gaude ou herbe à jaunir. (*Loi du* 22 *ventose an* 12.)	10	
Gland, par le ci-devant état de Parme. (*Décision du ministre de l'intérieur, du* 28 *novembre* 1806.) (Prohibé.)		
Gommes. (*Loi du* 19 *thermidor an* 4.).........	10	20
Goudron. (V. Brai.)		
Graines grasses. (*Loi du* 19 *thermidor an* 4.) (Prohibées.)		
On ne peut leur assimiler les noix, dont la sortie est permise. (*Lettre du* 25 *février* 1807.)		
Graine d'Avignon ou graine jaune, et grainette d'usage en teinture..........................	10	20

SORTIE.

	fr.	c.
Graine de jardin. (*Loi du 1er. août 1792.*)......	3	6
Graine de mil ou millet. (*Lettre du ministre, du 27 vendémiaire an 7.*) (Le même droit.)		
Graine de trèfle. (*Loi du 30 avril 1806.*).......	8	
Sous cette dénomination sont comprises toutes graines et semences de pâturages. (*Lettre du 22 frtmaire an 14.*)		
Grains de toutes sortes, sauf les exceptions, qui varient. (*Lois des 19 therm. et 26 vent.*) (Proh.)		
Ce qui s'applique à la graine de Vesce, nommée aussi Jarosse. (*Décision du 2 complémentaire an 7*) : — Au froment perlé. (*Décision du 23 mai 1806.*)		
Graisses, excepté celle ci-après, (*Loi du 19 thermidor an 4.*) (Prohibées.)		
Graisse d'Asphalte, nommée aussi Huile bitume minéral : la sortie en est permise, en payant le droit de balance. (*Décision du 6 ventose an 5.*)		
Gravelle ou Tartre de vin..................	7	14
Grenadier (Écorce de)......................	2	55
Grignon. (*Loi du 1er. août 1792.*) (Comme Amurca.)		
Groisil ou Verre cassé. (Prohibé.)		
Gruau d'avoine peut sortir en payant le droit de balance. (*Lettre du 13 mai 1806.*)		

H.

	fr.	c.
Harnais de luxe et selles (*Loi du 24 nivose an 5.*) : à la valeur..................................	$\frac{1}{2}$ p. %	
Herbe de maroquin..........................	3	6
Herbes propres à la teinture, non dénommées dans le chapitre des droits d'entrée et dans celui des droits de sortie...........................	10	20
Houate de coton. (*Loi du 1er. pluviose an 13.*) (Le droit de balance.)		
Houblon. (*Arrêté du 9 frimaire an 9.*) (Prohibé.)		
Houille. (V. Charbon de terre.)		
Huiles de graines, par les départemens réunis et par les frontières de terre. (*Loi du 24 nivose.*)	2	55
Par les départemens qui bordent le Rhin. (*Décision du 16 fructid. an 7.*) (Le même droit.)		
Par les autres départemens. (*Loi du 19 thermidor an 4.*).........................	6	12
Huile de faîne. (*Même loi.*)................	6	12
Huile de noix. (*Même loi.*)................	6	12
Huile d'olive et d'amande. (*Même loi.*).........	10	20

	fr.	c. SORTIE.
Huile de poisson. (*Loi du* 8 *floréal an* 11.)......	2	50
Huîtres fraîches, le mille en nombre..........		50

I.

Indigo. (V. l'article *Denrées coloniales.*)

L.

Laines filées propres à tapisseries. (*Loi du* 19 *thermidor an* 4.)........................	20	40
Laines filées, d'autres sortes. (*Même loi.*).......	51	
Laines non-filées, même celles en matelats pouvant servir aux fabriques. (*Même loi.*) (Prohib.)		
Sont exceptées :		
Les laines non filées venues de l'étranger, par mer, qui, à leur arrivée, auront été effectivement entreposées, et rétrograderont par la même voie à l'étranger. (*Loi du* 30 *avril* 1806.)		
Celles venues d'Espagne à Bayonne, tant par mer que par les bureaux de Béhobie et d'Ainhoa, lesquelles pourront, à leur sortie de l'entrepôt, être réexportées en transit sur le territoire français. (*Loi du* 7 *sept.* 1807.)		
Les unes et les autres paieront (*Loi du* 24 *nivose an* 5.).........................	2	4
Laiton non ouvré. (*Loi du* 19 *thermidor.*) (Prohibé.)		
Laiton ouvré, autrement qu'en planches. (*Loi du* 24 *nivose an* 5.).........................	4	8
Légumes secs de toute sorte. (*Loi du* 19 *thermidor.*) (Prohibés.)		
Légumes verds et jardinage. (*Loi du* 24 *nivose an* 5.)		20
Les oignons y sont compris. (*Circulaire du* 22 *messidor an* 8.)		
Lie de vin..............................	2	4
Liége en planche. (*Loi du* 30 *avril* 1806.)......	4	
Lin, même peigné. (*Loi du* 19 *thermidor.*) (Proh.)		
Linge vieux. (V. Drilles.)		
Linons. (*Circul. du* 22 *messidor an* 8.) (Comme Toiles.)		

M.

Malherbe, herbe pour la teinture.............	2	4

SORTIE. fr. c.

Marrons et châtaignes, sauf les exceptions ci-après, (*Décision du ministre de l'intérieur, du 28 novembre* 1806.)........................ 2

Marrons et châtaignes, par la 27e. division. (*Décision du même ministre, du 9 janvier* 1807.) (Le droit de balance.)

Marrons et châtaignes, par le département du Golo, (*Décision du 30 janvier* 1807.) (Prohibés.)

Matelats. (*Loi du* 1er. *août* 1792.) (Comme les matières dont ils sont composés.)

Matières d'or et d'argent. (V. Numéraire.)

Matières servant à l'engrais des terres, telles que fumier, colombine, clapons, cornes rapées et autres, (*Loi du* 1er. *août* 1792.) (Prohibées.)

La sortie du gyps est tolérée par le département du Doubs. (*Lettre du 2 floréal an* 4.)

Matières propres à la fabrication du papier et de la colle. (V. Drilles.)

Mâts et pièces de rechange, en justifiant, par les capitaines étrangers, du besoin et des causes qui le déterminent (*Décision du 7 nivose an* 11.), à la valeur............................... 5 p. %

Mélasses. (*Décision du 28 fructidor an* 8, *et lettre du 4 janvier* 1806.) (Le droit de balance.)

Mercerie. (*Loi du 24 nivose an* 5.)............. 1 2

Mercerie uniquement de fer et d'acier. (*Loi du 9 floréal an* 7.)........................... 50

Métal de cloche, comme composé de cuivre ou étain. (*Décision du 27 vendémiaire an* 6.) (Prohibé.

Métiers pour les fabriques. (*Loi du 19 thermidor an* 4.) (Prohibés.)

Ce qui comprend les outils et toutes les parties accessoires de ces métiers. (*Décision du ministre de l'intérieur, du 8 août* 1806.)

Meules de moulin, excepté celles ci-après, (*Loi du 8 floréal an* 11.) la pièce :

Au-dessus de 1 mètre 949 millimètres......... 30

Au-dessous de 1 mètre 949 millim. à 1 mètre 297 millim........................... 20

Au-dessous de 1 mètre 297 millim........... 10

Meules de moulin provenant des carrières situées dans les environs d'Andernach, (*Rhin-et-Moselle*) à leur exportation par le Rhin, (*Loi du* 1er. *pluviose an* 13.), à la valeur :

Celles de 1 mètre 297 millim. et au-dessus. 10 p. %

Au-dessous de 1 mètre 297 mill.............. 5 p. %

	fr.	c. SORTIE.
Miel. *(Loi du 30 avril 1806.)*..................	5	
Mine de fer, brute et lavée. (Prohibée.)		
Mines métalliques de toute autre sorte. *(Loi du 19 thermidor an 4.)* (Prohibées.)		
On ne peut comprendre sous cette dénomination la Manganèse. (*Décision du 2 fructidor an 4.*)		
Mine de plomb (avec laquelle il ne faut pas confondre le Minium.) *(Loi du 19 thermidor.)* (Prohibée.)		
Montres. (*Décision du 22 prairial an 5.*) (Le droit de balance.)		
Si les boîtes sont exportées isolément, elles doivent comme ouvrages d'orfévrerie. (*Lettre du 11 avril 1806.*)		
Mousselines. (*Loi du 24 nivose an 5.*)..........	1	2
Moutons, dépouillés de leur laine, (excepté les mérinos ou métis, qui sont prohibés.) *(Loi du 30 avril 1806.)* par tête....................	1	
Mules et mulets. *(Même loi.)* par tête.........	10	
Munitions de guerre. *(Loi du 19 thermidor.)* (Prohibées.)		
Munitions navales, (sauf les Brais, Bois de pin et Mâts de rechange.) *(Même loi.)* (Prohib.)		

N.

	fr.	c.
NAVIRES. *(Loi du 19 thermidor an 4.)* (Prohibés.)		
On ne peut pas leur assimiler les bateaux dont la sortie est permise. *(Décision du 17 messidor an 6.)*		
Navires marchands construits pour le compte espagnol (1) *(Loi du 8 floréal an 11.)*, par tonneau.	15	
Nerfs de bœufs et autres animaux.............	9	18
Numéraire, y compris les piastres et matières d'or et d'argent non-ouvrées. *(Arrêtés des 21 et 23 ventose an 11.)* (Prohibé.)		

O.

ŒUFS, par mer. (*Arrêté du 8 pluviose an 10.*) (Prohibés.)

(1) L'autorisation du ministre de la marine doit précéder. (*Circulaire du 7 prairial an 11.*)

SORTIE.	fr.	c.
Oreillons. (Prohibés.)		
Orge perlé et mondé peut sortir en payant le droit de balance. (*Décision du* 23 *mai* 1806.)		
Os de bœufs, de vaches et autres animaux.....	1	2
Osiers pour la Hollande, par Anvers et Sas-de-Gand (*Loi du* 7 *septembre* 1807.) : à la valeur.	5 p.	$\frac{0}{0}$
Ouvrages de bijouterie. (*Loi du* 24 *nivose an* 5.) : à la valeur........................	$\frac{1}{2}$ p.	$\frac{0}{0}$
Les diamans et pierreries devant seulement 15 centimes par 100 fr. de valeur, le $\frac{1}{2}$ pour $\frac{0}{0}$ n'est exigible que sur la valeur de la monture. (*Décision du* 12 *brumaire an* 6.)		
Par ouvrages de bijouterie, on ne doit entendre que ceux dans la composition desquels les métaux précieux entrent comme matière principale. Ainsi, les candelabres, vases et ornemens de cheminée, composés de bronze, cuivre doré, etc., et les piédestaux dorés qui ornent les pendules, n'appartiennent pas à cette classe. Les bronzes ne doivent que 1 fr. 2 c.; les autres objets, que le droit de balance. (*Lettre du* 2e. *complémentaire an* 5.)		
Ouvrages d'orfévrerie (*Loi du* 24 *nivose an* 5.) : à la valeur................................	1 p.	$\frac{0}{0}$
Ouvrages en cuir, en maroquin et peaux maroquinées, et en souliers de femme (*Même loi.*): à la valeur..............................	$\frac{1}{2}$ p.	$\frac{0}{0}$
Ouvrages en peaux, consistant en culottes, vestes, gilets et gants, (*Même loi.*)................	1	2
Ouvrages en bronze. (*Même loi.*)..............	1	2
Ouvrages en acier et fer. (*Loi du* 9 *floréal an* 7.)		50

P.

Pain. (*Décret du* 15 *août* 1793.) (Prohibé.)		
Pains ou tourteaux de navette, oliette, rabette, lin, chenevis et colza. (*Loi du* 22 *ventose an* 12.)...	4	
Papier ordinaire (*Loi du* 24 *nivose an* 5.) : à la valeur..................................	1 p.	$\frac{0}{0}$
Papier fin et papier mousse, à cartier et aux trois lunes (*Même loi*): à la valeur............	$\frac{1}{2}$ p.	$\frac{0}{0}$
Papiers vieux. (V. Drilles.)		
Parchemin brut. (*Décision du ministre de l'intérieur, du* 11 *floréal an* 12.) (Prohibé.)		
Parchemin neuf............................	12	24

	fr.	c. SORTIE.
Passementerie. (*Loi du* 24 *nivose an* 5.).........	1	2
Peaux de castor. (*Loi du* 19 *thermidor an* 4.) (Prohibées.)		
Peaux de lièvres, de lapins blancs, roux, de toutes espèces et couleurs, crues. (Prohibées.)		
Peaux en poil et autres, excepté les pelleteries. (*Loi du* 19 *thermidor an* 4.) (Prohibées.)		
Cette prohibition comprend les peaux de chevreuil en poil. *(Décis. du* 7 *nivose an* 11.*)*		
Elle ne s'étend pas aux peaux de chiens de mer, quoique non ouvrées. (*Décision du ministre de l'intérieur, du* 9 *therm. an* 5.)		
Peaux de loutre et peaux sauvagines (*Loi du* 24 *nivose an* 5.) : à la valeur..................	2 ½ p. %	
Peaux passées en blanc ou mégie, bronzées ou chamoisées (*Même loi.*) : à la valeur........	1 p. %	
Pennes de coton. (*Lettre du ministre de l'intérieur, du* 21 *mars* 1806.)........................	1	
Pennes de laine et de fil. (Prohibées.)		
Piastres. (V. Numéraire.)		
Pierres à chaux. (*Lettre du* 18 *septembre* 1807.) (Comme Chaux.)		
Pierres à feu (*Loi du* 8 *floréal an* 11.) : à la valeur.	1 p. %	
Cette dénomination comprend les pierres à fusil, comme à briquet et autres. (*Lettre du* 26 *septembre* 1806.)		
Plâtre. (*Loi du* 19 *thermidor an* 4.) les 1565 livres.	1	
Ce qui s'applique aux pierres à plâtre. (*Lettre du* 29 *janvier* 1808.)		
Plomb non ouvré. (*Loi du* 19 *thermidor an* 4.) (Prohibé.)		
Celui des mines de Poullaouen, d'après un arrêté du 9 thermidor an 10, peut sortir par Morlaix, en payant le droit de balance.		
Plomb ouvré. (*Loi du* 24 *nivose an* 5.).........	5	10
Poil en masse et non filé, de lapin, lièvre, castor, chameau, bouc, chèvre, chevreau et loutre. (*Lois des* 15 *mars* 1791 *et* 19 *thermidor.*) (Proh.)		
Poil de chien, même filé. (*Loi du* 19 *thermidor.*) (Prohibé.)		
Poissons frais. (*Loi du* 24 *nivose an* 5.) (Le droit de balance.)		
Poissons de toute autre sorte, exportés tant par terre que par mer. (*Lois des* 24 *nivose an* 5 *et* 2 *nivose an* 7.)...............................	1	2
Pommes de terre. (*Décision du* 7 *pluviose an* 8.) (Prohibées.)		

Potasse. (Prohibée.)
Poudre à poudrer. (V. Amidon.)
Poudres à tirer. (*Loi du* 11 *mars* 1793.) (Prohibées.)
On en excepte la poudre de chasse, qui peut sortir étant accompagnée du passeport des administrateurs des poudres et salpêtres. (*Lettre du ministre des finances, du* 18 *brumaire an* 11.)

Q.

Quincaillerie. (*Loi du* 24 *nivose an* 5.)........ 1 2

R.

Récoltes, comprenant les grains, légumes secs et fourrages. (*Loi du* 19 *thermidor an* 4.) (Prohibées.)
Redoul ou Rodoul (feuilles de)................ 1 53
Régule d'antimoine : la sortie en est permise, en payant le droit de balance. (*Lettre du ministre de l'intérieur, du* 11 *décembre* 1807.)
Résine. (Comme Brai.)
Riz, par la 27e. division militaire. (*Loi du* 30 *avril* 1806.)................................ 3
Rubans. (*Loi du* 24 *nivose an* 5.).............. 1 2

S.

Salins. (*Loi du* 19 *thermidor an* 4.) (Prohibés.)
Salpêtre. (*Loi du* 13 *fructidor an* 5.) (Prohibé.)
Saucissons, dont la sortie a été permise par décision du 8 prairial an 9, doivent comme viandes salées. (*Lettre du* 16 *mai* 1807.)
Selles. (V. Harnais.)
Soies, autres que celles ci-après (*Lois des* 19 *thermidor an* 4, 8 *floréal an* 11, *art.* 7, *et Décret du* 23 *germinal an* 13.) (Prohibées.)
Soies à coudre (1), grenadine, rondelette et miperlée, des départemens intérieurs de l'empire, le poids de chaque écheveau n'excédant pas trois

---

(1) La faculté de sortie n'est applicable qu'aux soies à coudre *non écrues*. (*Lettre du* 1er. *septembre* 1807.)

	fr.	c.	SORTIE.
décagrammes. (*Loi du 8 floréal an* 11.) la liv. net.		10	
Soies cuites propres à faire de la tapisserie. (*Loi du* 19 *thermidor an* 4.) la livre net...........	1	2	

Soies provenant des départemens du Pô, de la Sésia, de la Stura, de la Doire, de Marengo, et des arrondissemens qui en ont été détachés, peuvent, d'après la loi du 30 avril 1806, passer à l'étranger, à la charge de sortir par l'un des bureaux de Lyon, Nice, Gênes, Saint-Remy, Verceil et l'entrepôt d'Alexandrie, et de payer, par kilogramme net, savoir :

	SORTANT PAR			
	LYON.		VERCEIL et GÊNES:	
	fr.	c.	fr.	c.
Soies ouvrées en poil, trame, organsin et à coudre, écrues	3		4	
Rondelettes ou trames de doupion écr.	1		1	50
Fleuret et filoselle, ou bourre de soie cardée......................		15		20
Bourre de soie non-cardée.........	1		1	50
Moresques ou restes de soie........		20		25
Côte de Doupion..................		10		15
A coudre, teintes................		10		15

Nota. Les soies ouvrées en poil, trame, organsin, et à coudre, écrues, ainsi que celles rondelettes ou trames de doupion écrues, doivent, quelle que soit leur destination, être conduites à la douane de Turin pour y être vérifiées.

Celles sortant par Nice, Gênes, Verceil et St.-Remy, seront expédiées par l'un de ces bureaux, après avoir acquitté les droits à Turin.

Celles destinées à passer à l'étranger par les bureaux de Cologne, Mayence, Strasbourg et Versoix, les seuls restés ouverts à la sortie du côté de l'ancienne France, seront expédiées de Turin par acquit-à-caution pour la douane de Lyon, où les droits seront acquittés, et les soies expédiées pour l'un desdits bureaux.

Les fleurets et filoselle, ou bourre de soie cardée, la bourre de soie non cardée, les moresques ou restes de soie, les côtes de doupion et les soies à coudre teintes, peu-

SORTIE. vent sortir par Nice, Gènes, St.-Remy et Verceil, sans passer à Turin ou Lyon. (*Loi du* 30 *avril.*)

Les cocons continuent d'être prohibés. (*Même loi*, *art.* 10.)

	fr.	c.
Soufre. (*Loi du* 24 *nivose an* 5.)...............	1	2
Sucre raffiné pour lequel on veut jouir de la prime. (V. Remboursement.)		
Suifs. (*Loi du* 19 *thermidor an* 4.) (Prohibés.)		
Sumac. (*Même loi.*)...........................	10	20

T.

	fr.	c.
TABAC indigène en feuilles. (*Loi du* 5 *ventose an* 12.)	7	
Tabac en côtes. (V. Côtes.)		
Tabac fabriqué. (*Loi du* 24 *nivose an* 5.)........		51
Tartre de vin. (V. Gravelle.)		
Térébenthine en pâte. (V. Essence.)		
Terre de Marne. (*Loi du* 19 *thermidor an* 4.) La charretée de deux milliers pesant............		15
Terres des monnaies. (*Loi du* 8 *floréal an* 11.) (Prohibées.)		
Terre de pipe. (*Loi du* 19 *thermidor an* 4.) Le lest du poids de deux milliers..............	10	20
Toiles (*Loi du* 24 *nivose an* 5.).............	1	2
Celles à voiles conservent la faculté de sortir, nonobstant la guerre maritime. (*Avis des ministres de l'intérieur et de la marine*, *du* 9 *brumaire an* 12.)		
Tournesol ou Maurelle en drapeaux............	2	55
Tourteaux. (V. Pains.)		
Toutenague. (V. Zinc.)		
Tuf en pierre des carrières d'Andernach. (*Décrets des* 6 *janvier et* 3 *novembre* 1807.)..........	1	

V.

	fr.	c.
VACHES. (*Loi du* 30 *avril* 1806.) par tête........	5	
Veaux. (*Même loi.*) par tête.....................	1	
Vendanges et le moût:		
Par la 27e. division. (*Loi du* 30 *avril* 1806.) (Les deux tiers du droit sur le vin.)		
Par les autres frontières. (*Circ. du* 29 *messidor an* 12.) (*Idem.*)		
Vermicelli. (*Loi du* 24 *nivose an* 5)............	2	55
Ce qui comprend les pâtes d'Italie. (*Lettre du* 25 *avril* 1807.)		

	fr.	c.	SORTIE.
Viandes fraîches. (*Loi du* 30 *avril* 1806.)........	3		
Viandes salées pour l'Espagne. (*Même loi.*).....	4		
Viandes salées des états de Parme et de Plaisance, pour la Toscane et le pays de Venise. (*Décret du* 6 *janvier* 1807.).........................	4		
Viandes salées à toute autre destination, excepté les saucissons. (*Arrêté du* 5 *frim. an* 9.) (Proh.)			
VINS, les 268 litres $\frac{1}{50}$e., correspondant au muid de 288 pintes, ancienne mesure de Paris:			
A l'exportation par mer.			
Par Bayonne et Saint-Jean-de-Luz............	1		
Par les rivières de Garonne et Dordogne, lorsque la valeur du tonneau excède 200 fr.:			
Le rouge...........................	7		
Le blanc...........................	4		
Par les mêmes rivières, lorsque la valeur du tonneau n'excède pas 200 fr. (*Loi du* 24 *nivose an* 5.).........................	2	50	
Par la Charente-Inférieure et la Vendée:			
Le rouge...........................	1		
Le blanc...........................		50	
Par la Loire-Inférieure:			
Rouge ou blanc, à l'exception de celui ci-après	2		
Blanc, du crû de ce département........		50	
Par l'Océan, depuis la rivière de Vilaine, inclusivement, jusqu'à Anvers, aussi inclusivement.	7		
Par les Bouches-du-Rhône et le Var..........	1	50	
Par les Alpes-Maritimes. (*Loi du* 19 *thermidor an* 4.)................................	1	50	
Par l'Hérault et les Pyrénées-Orientales......	2		
Vins de Corse. (*Loi du* 8 *floréal an* 11.)....	1	50	
A l'exportation par terre.			
De Lillo près Anvers, à la ligne du Rhin......	7		
Par le Haut et Bas-Rhin....................	1	25	
Par les nouveaux départemens qui ont le Rhin pour limite. (*Arrêté du* 5 *fructidor an* 6.)...	1	25	
Par le Doubs et le Jura.....................		50	
Par le Léman.............................	1		
Par la 27e. division militaire. (*Loi du* 30 *avril* 1806.)................................	1	50	
Par l'Arriège et les frontières d'Espagne......	1	50	

	fr.	c.
Vins muscats, par les mêmes départemens et les mêmes frontières....................	6	

A l'exportation par mer ou par terre, indistinctement.

Vins de liqueurs de toutes sortes............	6	
Vins en bouteilles ou en doubles futailles......	7	
Vins en futailles emballées ou à double fond, (*Loi du* 1er. *août* 1792.)..................	7	
Vinaigre, comme le Vin, d'après les distinctions admises pour les ports et bureaux de l'exportation.		
Vinaigre de bière, par les départemens correspondans à celui du Nord. (*Loi du* 1er. *août* 1792.) le muid..............................	2	
Vitriol. (*Loi du* 19 *thermidor an* 4.)...........	4	8
Volaille et Gibier, lorsqu'ils ne sont pas en vie, doivent comme Viandes fraîches. (*Lettre du* 9 *octobre* 1807.)		

Z.

Zinc. (*Décision du* 8 *pluviose an* 9.) (Prohibé.)

PROHIBITIONS A LA SORTIE.

Les articles grevés de prohibition sont rangés au Tarif dans l'ordre alphabétique.

REMBOURSEMENT des droits d'entrée sur des objets exportés.

Ouvrages en coton.

Il est accordé pour l'exportation à l'étranger, des toiles, bonneteries et autres ouvrages en coton, une prime de 50 fr. par quintal décimal, en justifiant qu'ils proviennent de fabrique française. (*Loi du* 30 *avril* 1806, *article* 25.)

Les cotons filés ne doivent point y participer (*Décision du* 30 *septembre* 1806.); ni les toiles ou étoffes mêlées de coton. (*Circul. du* 21 *septembre* 1807.)

Les conditions nécessaires pour obtenir la prime, se réduisent à justifier de la fabrique nationale, et à consommer l'exportation par l'un des bureaux de Bayonne, Bordeaux,

Nantes, Lorient, Caen, Strasbourg, Verrières de Joux, Versoix, Verceil, Gênes, Marseille, Perpignan et des Guinguettes.

La déclaration du fabricant, indicative de l'espèce, de la quantité et du poids net des marchandises, visée par le préfet du département ou le sous-préfet de l'arrondissement où la fabrique est située, sera la seule pièce requise. On retiendra cette déclaration au dernier bureau de sortie, où, après une vérification exacte, elle sera revêtue du certificat de tous les commis de service, que visera le directeur des douanes dans l'arrondissement duquel se trouve le bureau de sortie: ce directeur doit en faire l'envoi au conseiller d'état directeur général, pour ordonner le paiement de la prime. (*Lettres du ministre de l'intérieur, des* 19 *septembre et* 18 *décembre* 1807.)

Les fausses déclarations de poids ou espèces seront punies d'une amende double de la prime qu'on aurait reçue. (*Décret du* 11 *janvier* 1808.)

Sucres raffinés.

Le remboursement des droits acquittés sur les sucres dont ils sont composés, s'effectue au moyen d'une prime de 25 fr. par 5 myriagrammes, dont jouissent les raffineurs sur ceux exportés à l'étranger. (*Loi du* 8 *floréal an* 11, *art.* 17.)

Cette prime est due sur les sucres tapés en petits pains expédiés pour le Levant. (*Lettre du ministre de l'intérieur, du* 22 *prairial suivant.*)

Pour l'obtenir, il faut que l'exportation soit faite par un des ports ouverts à l'entrée des denrées de nos colonies, ou par Versoix, Bourg-Libre, Strasbourg, Mayence, Cologne, Sas-de-Gand et Verceil. L'expédition doit être accompagnée d'un certificat du raffineur, duement légalisé. Ce certificat doit être envoyé, avec celui de sortie à l'étranger, au directeur-général des douanes, pour ordonner le paiement de la prime sur une des caisses de recette des douanes. (*Mêmes loi et article.*)

Savons exportés.

Ils jouissent du remboursement des trois quarts des droits payés dans l'année, sur les huiles entrées dans leur fabrication, en justifiant du paiement de ces droits. (*Loi du* 8 *floréal an* 11, *article* 30.)

La quantité d'huile nécessaire à la fabrication d'un quintal de savon blanc, rouge ou marbré, est fixée à 75 liv. pesant. (*Décision du* 25 *brumaire, même année.*)

DENRÉES

VENANT DES COLONIES FRANÇAISES.

Leur admission n'a lieu que par les ports de Nice, Toulon, Marseille, Cette, Bayonne, Bordeaux, Rochefort, la Rochelle, Nantes, Lorient, Brest, Morlaix, Saint-Malo, Granville, Cherbourg, Rouen, le Hâvre, Honfleur, Fécamp, Dieppe, Saint-Valery-sur-Somme, Boulogne, Calais, Dunkerque, Ostende, Bruges et Anvers. (*Loi du 8 floréal an* 11, *art.* 12.) Gand. (*Loi du 22 ventose an* 12.)

Elles ne peuvent être importées que par des bâtimens français; cependant il est permis momentanément de les faire venir sur des navires des puissances neutres ou alliées, sous la condition que les droits dus à l'entrée en France, seront payés par anticipation aux colonies, en sus des droits locaux de sortie. Les préposés chargés de la perception aux îles, en délivrent un certificat indiquant les espèces, poids et quantités. En représentant, dans le port d'arrivée en France, les pièces justificatives de l'origine, et les quittances des droits perçus par anticipation, le directeur-général donne l'ordre d'admettre ces denrées comme françaises. (*Décision du Gouvernement transmise par le Ministre de la marine et des colonies, le 23 messidor an* 11.)

Le transport des denrées chargées aux îles pour les ports de France, doit s'effectuer directement. Celles qui ont été conduites par relâche forcée à l'étranger, ne sont reconnues françaises et traitées comme telles, qu'autant que l'on rapporte, avec expédition de sortie des colonies, un certificat du commissaire des relations commerciales de France, au port de la relâche, qui en constate les motifs ainsi que l'identité des denrées réexpédiées, et qu'après que l'ordre en a été donné par le directeur-général sur le vu des pièces.

Les droits désignés au tarif sous le nom de *droits d'entrée*, doivent être acquittés à l'arrivée. (*Loi du 8 floréal an* 11, *art.* 13.)

Les denrées et productions assujetties au droit dit de *consommation*, jouissent de la faculté de l'entrepôt, sous la soumission cautionnée de les réexporter, ou de payer le droit au moment où elles sortiront de l'entrepôt pour la consommation. (*Art.* 14.)

La durée de l'entrepôt ne peut excéder le terme d'une année. (*Même article.*)

Ceux qui voudront entreposer les sept espèces admises à jouir de cette faveur, seront tenus de déclarer aux bureaux des douanes, avant la mise en entrepôt, les magasins où ils renfermeront leurs marchandises, et de faire leur soumission de les représenter en mêmes qualité et quantité toutes les fois qu'ils en seront requis, avec défense de les changer de magasin sans déclaration préalable et permis spécial de la douane, à peine de payer immédiatement les droits en cas de mutation non autorisée, et du double droit dans le cas de soustraction absolue, indépendamment d'une amende qui pourra s'élever au double de la valeur de la marchandise soustraite. (*art.* 15.)

DROITS SUR CES DENRÉES.

	Droits d'entrée.	Droits de consommation.
Cacao (*Loi du* 30 *avril* 1806.)...	6 f. c.	169 f.
Café (*Même loi.*)............	6	119
Confitures (*Loi du* 8 *flor. an* 11.)	1 50	14 50
Mélasses. (*Même loi.*).........	1 50	14 50
Poivre. (*Loi du* 30 *avril* 1806.)..		135
Sucre brut. (*Même loi.*).......	3	42
Sucre tête et terré. (*Même loi.*)..	4 50	75 50

Espèces qui ne jouissent pas de l'entrepôt.

Bois d'acajou. (*Loi du* 30 *avril* 1806.)...................	20	» »
Bois de marqueterie. (*Loi du* 8 *floréal an* 11.)............	10	» »
Le bois de Cayenne y est compris. (*Décision du* 16 *pluv. an* 11.)		
Casse. (*Loi du* 8 *floréal an* 11.)	6	» »
Cotons. (*Loi du* 30 *avril* 1806.)	60 au net.	» »
Cuirs secs en poil. (*Loi du* 8 *floréal an* 11.)............	25 piè.	» »
Ecaille de tortue. (*Loi du* 30 *avril* 1806.)...............	120	» »
Gingembre. (*Loi du* 8 *floréal an* 11.)...................	6	» »
Indigo. (*Même loi.*).........	10	» »
Liqueurs (*Idem.*).............	1 le litr.	» »
Rocou. (*Idem.*)...............	4	» »
Tafia. (*Idem.*)...............	10 l'hect.	» »

Pour la tare sur les cacao, cafés, poivre et sucre, voyez tare, page 47.

Les productions non dénommées ci-dessus et qui sont justifiées provenir du crû de nos colonies, ne doivent, suivant l'article 18 de la loi du 8 floréal, que la moitié des droits imposés sur les mêmes objets venant de l'étranger; mais cette disposition n'est plus applicable qu'aux espèces dont le droit n'a pas été changé postérieurement : ainsi le gérofle, la muscade et toutes les autres marchandises assujetties à de nouveaux droits uniformes par la loi du 30 avril 1806, doivent les acquitter sans distinction d'origine.

A défaut de la preuve du chargement dans lesdites colonies, ou s'il s'agit de marchandises que le commerce étranger a la faculté d'y introduire, la cargaison est traitée comme étrangère. (*Loi du* 10 *juillet* 1791, *art.* 32.)

Droits de sortie des colonies françaises.

Si, à l'arrivée en France d'une production de nos colonies, il n'est pas justifié qu'elle ait acquitté le droit local, on devra l'exiger, conformément à l'article 21 de la loi du 10 juillet 1791, qui porte que les capitaines venant desdites colonies, sont tenus de rapporter avec l'état de leur chargement, l'acquit des droits qu'ils ont payés à la sortie de ces colonies.

On ne peut indiquer la quotité de ces droits, qui sont différens pour chaque colonie, et éprouvent des variations fréquentes.

Réexportation des sucres, cafés et cacao de nos colonies.

Elle peut avoir lieu par terre pendant l'année d'entrepôt, en sortant par l'un des bureaux de Béhobie, Ainhoa, Cologne, Mayence, Strasbourg, Bourg-Libre, Verrières-de-Joux, Jougnes, Versoix et Verceil. (*Loi de floréal an* 11, *art.* 52 *et* 53.)

Par Coblentz, pour ceux tirés de l'entrepôt d'Anvers. (*Décret du* 9 *vendémiaire an* 13.)

Le seul droit qu'acquittent ces denrées, auxquelles, pour le transit, la loi de floréal a ajouté les poivres, est celui dit de balance du commerce, de 51 centimes par quintal métrique, ou 15 centimes par cent francs de valeur, à l'option du redevable. (*Circulaire du* 7 *prairial an* 11.)

Les sucres, cafés et cacao de nos colonies, mis en entrepôt, peuvent également passer à l'étranger par mer, mais en payant, par cinq myriagrammes, sans déduction du droit acquitté à l'arrivée, savoir : le sucre brut, 4 fr. 50 c.; le sucre tête et terré, 7 fr. 50 c.; le café, 6 fr.; le cacao, 7 fr. (*Loi du* 8 *floréal*, *art.* 16.)

Indigo de nos colonies.

La sortie en est défendue. (*Circulaire du* 3 *février* 1808.)

DENRÉES COLONIALES ÉTRANGÈRES.

Les droits auxquels elles sont sujettes, seront payés à l'arrivée, à moins que les marchandises ne soient mises en entrepôt réel, qui ne pourra excéder un an. (*Loi du* 8 *floréal an* 11, *art.* 20.)

Lesdites denrées qui seront mises en entrepôt, ne devront, à leur entrée, que le droit de la balance du commerce; et, en cas de réexportation, elles seront exemptes de tous droits à la sortie. (*Art.* 21.)

Le seul droit de balance est dû, soit que la réexportation s'effectue par mer ou par terre. (*Circulaire du* 19 *mai* 1806.)

En sortant de l'entrepôt pour entrer dans l'intérieur, elles acquitteront les droits portés au tarif. (*Art.* 22 *de la loi de floréal.*)

Ces droits sont énoncés au tarif général.

Indigo étranger.

La sortie en est prohibée; sauf l'exception en faveur de ceux qui sont renvoyés à l'étranger dans les deux mois de l'arrivée, et aussi de ceux mis en entrepôt réel, dont la réexportation directe s'effectue par mer dans le délai de l'année. (*Circulaire du* 3 *février* 1808.)

COMMERCE FRANÇAIS AU-DELA DU CAP DE BONNE-ESPÉRANCE.

Productions des Iles de France, de la Réunion et de Mozambique.

Elles ne jouissent de la modération des droits qu'autant qu'il est constaté qu'elles proviennent du crû de ces colonies. (*Loi du* 6 *juillet* 1791, *art.* 17.)

Marchandises de l'Inde.

L'ambre gris, le cachou, l'esquine, le galbanum, la gomme arabique, la gomme ammoniaque, la gomme copale, la gomme gutte, la gomme lacque, la noix vomique, les roses de Provins et le sagou venant de l'étranger, n'ayant pas subi d'augmentation de droits depuis le tarif général du 15 mars 1791, ne doivent, conformément à l'article 2 du tarif particulier de la même date, que la moitié des droits du tarif général.

La canelle, la porcelaine dorée, la porcelaine bleue et blanche provenant de ce commerce, ne doivent, d'après le même principe, que les droits de ce tarif particulier.

Il en est autrement de l'aloës, de l'anis étoilé, de l'assa-fœtida, du benjoin, du borax, du camphre, de l'encens, de la rhubarbe et du tamarin; ils doivent les droits établis depuis ce tarif. Ces droits sont d'une application générale, lorsqu'ils ne maintiennent aucune distinction d'origine privilégiée.

La même règle s'applique aux cotons en laine, bois de marqueterie, dents d'éléphans, écaille, nacre brute ou coquille de nacre, que l'article 1er. du tarif particulier admettait en exemption.

Aux cotons filés, qui ne devaient payer, d'après le même article, que douze sols par livre ancienne.

Aux poivres, thé, girofle et muscade, café moka et cassia-lignea, que l'art. 3 imposait à des droits inférieurs à ceux établis postérieurement.

Enfin aux joncs pour cannes et filières de nacre faisant partie de l'art. 4.

TABACS ÉTRANGERS.

Ceux fabriqués étant prohibés, il ne peut en entrer qu'en *feuilles*, et seulement par Ostende, Dunkerque, le Hâvre, Dieppe, Morlaix, Nantes, S.-Malo, Lorient, la Rochelle, Bordeaux, Cette, Marseille, Cologne, Mayence et Strasbourg (*Loi du* 29 *floréal an* 10.): — Anvers (*Loi du* 8 *floréal an* 11.): — Bayonne (*Loi du* 22 *ventose an* 12.): — Nice, Cherbourg et Coblentz (*Loi du* 1er. *pluviose an* 13.): — Gênes (*Loi du* 30 *avril* 1806.)

Ils ne peuvent être importés par mer, que par bâtimens de 100 tonneaux au moins, à l'exception de ceux venant des ports de Hollande à Anvers, lesquels sont admis par bâtimens de 50 tonneaux, conformément à l'article 71 de la loi du 1er. pluviose an 13.

Ils jouissent d'un entrepôt de 18 mois, pendant lequel ils peuvent être réexportés en franchise à l'étranger; passé ce terme, le droit d'entrée est dû. (*Loi du* 5 *ventose an* 12.)

Leur importation peut avoir lieu par Verceil, en payant immédiatement les droits d'entrée, et moyennant l'expédition directe pour une fabrique, sous la formalité de l'acquit-à-caution. (*Loi du* 1er. *pluviose an* 13, *art.* 11.)

Par le bureau de Moock, direction de Clèves, à la charge de payer les droits de douane sur-le-champ et sans entrepôt, en obligations cautionnées, et sous la condition en outre d'être expédiés directement pour la manufacture à laquelle ils seront destinés, à l'effet d'y acquitter la taxe de fabrication. (*Loi du* 30 *avril* 1806, *art.* 3.)

Il en est de même de ceux introduits par Urdingen pour la fabrique de Crévelt. (*Décision du* 26 *fructidor an* 11.)

Les tabacs, avant d'être mis en entrepôt, doivent être vérifiés par les préposés, et pesés en leur présence, aux frais des propriétaires. (*Loi du* 8 *floréal an* 11, *art.* 51.)

La mutation d'entrepôt d'un port à un autre, n'a lieu que dans le cas d'une nécessité bien reconnue, et sur l'autorisation du directeur-général.

Le droit d'entrée sera perçu, soit à la sortie de l'entrepôt, si les tabacs y sont entrés, soit à la sortie de la douane, si l'expédition pour l'intérieur a lieu immédiatement. (*Art.* 21 *de la loi du* 5 *ventose an* 12.)

Ceux tirés de l'entrepòt doivent acquitter le droit sur le poids net et effectif reconnu avant leur mise en magasin. (*Loi de floréal an* 11, *art.* 51.)

Les tabacs, quoiqu'importés par navire français, seraient traités comme ceux venant par bâtiment étranger, s'ils n'avaient pas été apportés directement des États-Unis d'Amérique, des colonies Espagnoles, de l'Ukraine ou du Levant. (*Arrêté du* 16 *thermidor an* 8, *dont l'exécution a été recommandée par décision du* 18 *floréal an* 12.)

Dans tous les cas, le droit sera perçu, par parties égales, en traites ou obligations suffisamment cautionnées à 3, 6, 9 et 12 mois de terme. (*Loi du* 5 *ventose an* 12, *art.* 21.)

Ces tabacs ne peuvent sortir de la douane ni de l'entrepôt pour entrer dans l'intérieur, sans une déclaration indicative de la fabrique où ils doivent être mis en œuvre. (*Même loi*, *art.* 23.)

Ils doivent, en outre, être accompagnés d'un acquit à caution qui, dans le délai porté audit acquit, et déterminé en raison des distances, doit être représenté, à leur entrée en fabrique, au préposé de la régie des droits réunis pour être déchargé par lui, sous peine d'une amende égale au quadruple du droit de fabrication des tabacs qui en sont l'objet, et dont le recouvrement doit être poursuivi contre le soumissionnaire par le receveur de la douane qui a délivré l'acquit-à-caution. (*Art.* 24.)

Un extrait du registre de décharge de ces acquits sera remis par le préposé de la régie des droits réunis au directeur de l'arrondissement, qui, après l'avoir légalisé, l'adressera au directeur-général des douanes. (*Art.* 25.)

Celui trouvé dans l'intérieur sans être muni d'un acquit-à-caution, ou sans qu'il soit justifié qu'il est sorti de l'entrepôt des douanes avec cette formalité, doit être saisi et confisqué. (*Art.* 26.)

La vérification du chargement ne peut se faire qu'à l'entrée en fabrique. (*Même art.*)

S'il s'y trouve une quantité de tabac en feuilles supérieure à celle portée dans l'acquit-à-caution, et que cette quantité excède d'un dixième le poids pour lequel l'acquit-à-caution a été délivré, il y a lieu à la confiscation de la totalité du chargement. (*Même article.*)

Au-dessous du dixième, il y a lieu seulement au paiement du droit d'entrée pour l'excédant. (*Même article.*)

Ces tabacs jouissent de la faculté d'être réexportés à l'étranger, en sortant de l'entrepôt, sans payer de droit. (*Art.* 28.)

Il est établi à Paris et Toulouse, (sous la surveillance de la Régie des droits réunis) un entrepôt de ces tabacs. (*Loi du* 1er. *pluviose an* 13, *art.* 62.)

Les tabacs ne sortiront des ports de mer qu'après avoir payé les droits d'entrée au bureau des douanes. Ils seront expédiés pour les entrepôts de l'intérieur, sous plomb et avec acquit-à-caution. (*Art.* 63 *de la même loi.*)

Ils ne seront expédiés de ces entrepôts que pour les manufactures, et avec acquit-à-caution de la Régie des droits réunis. (*Art.* 64.)

ARTICLES COMMUNS A L'ENTRÉE ET A LA SORTIE.

Droit de magasinage.

Les propriétaires des marchandises qui, à défaut de déclaration détaillée, ont été déposées dans le magasin de la douane, sont tenus d'un droit particulier de magasinage d'un pour cent de la valeur. (*Décret du* 4 *germinal an* 2, *titre* 2, *art.* 9.)

Il n'est que de demi pour cent sur les objets déchargés par suite d'une relâche forcée, et rechargés faute de vente. (*Art.* 6.)

Celui d'un pour cent est dû après trois mois d'entrepôt sur les marchandises provenant de confiscation. (*Lettre du ministre, du* 28 *floréal an* 8.)

Marchandises avariées.

Les avaries ne donnent lieu à aucune réduction de droits que dans le cas d'échouement ou autres accidens de mer constatés suivant les formes prescrites, et qui emportent recours contre les assureurs. (*Loi du* 8 *floréal an* 11, *art.* 79.)

La réduction n'a pas lieu pour le tabac en feuilles. Lors de la reconnaissance qui en est faite, les particuliers ont la faculté d'en distraire les parties avariées pour être brûlées ou réexportées, sans qu'ils puissent séparer la tige des feuilles. (*Loi du 29 floréal an 10, art. 7.*)

Elle ne peut également être demandée sous prétexte d'avarie survenue dans le transport des marchandises par mutation d'entrepôt. (*Décision du 28 nivose an 11.*)

Si celui à qui une marchandise avariée est adressée, en fait l'abandon par écrit, il est dispensé d'en payer les droits. (*Loi du 22 août 1791, tit. 1, art. 4.*)

Marchandises qui ont été mésestimées.

Quand un droit est imposé à la valeur, le préposé doit percevoir le droit sur la valeur déclarée, ou retenir la marchandise, en annonçant qu'il paiera la valeur déclarée et le 10e. en sus dans les quinze jours qui suivront la notification du procès-verbal de retenue. (*Loi du 4 floréal an 4, art. 1.*)

La retenue n'est soumise à d'autre formalité que celle de l'offre souscrite par le receveur du bureau, et signifiée au propriétaire ou à son fondé de pouvoir. (*Art. 2.*)

Iles françaises en Europe qui ont pour les douanes un régime particulier.

Iles d'Yeu, Ouessant, Mollenne, Hédic et Ile-des-Saints.

Ces îles ne sont point sujettes aux droits du tarif. Leurs habitans peuvent néanmoins introduire en exemption de droits les sels et les produits de leur pêche, et recevoir les bois nécessaires à leur consommation. (*Loi du 10 juillet 1791, art. 2.*)

L'art. 5 du titre Ier. de la loi du 4 germinal an 2, exempte les autres denrées et productions du sol; il porte encore qu'il ne pourra être importé desdites îles aucun objet manufacturé, tant qu'il ne sera pas justifié qu'il est le produit de manufacture y existante et reconnue par le gouvernement.

Iles de Groix, de Bouin et de la Crosnière.

La perception des droits de douane a lieu à l'entrée et à la sortie des îles de Groix, Bouin et la Crosnière; et cependant, pour empêcher qu'elles servent d'entrepôt à des productions étrangères, les habitans desdites îles peuvent seulement apporter en exemption de droits les produits de leur culture et de leur pêche. Toute autre importation est traitée comme étrangère, si elle n'est accompagnée d'un acquit des droits payés à l'entrée desdites îles. *(Loi du 10 juillet 1791, art. 1.)*

Ils peuvent encore importer en exemption les autres denrées et productions de leur sol, mais non des objets manufacturés. *(Loi du 4 germinal, tit. 1, art. 5.)*

L'article IV du titre Ier. de cette même loi défend l'admission dans les îles ci-dessus, hors le cas de relâche forcée, des bâtimens étrangers et des bâtimens français venant de l'étranger. Il y a été dérogé pour l'île de Noirmoutiers, par arrêté du 2 thermidor an 10, qui rétablit les relations commerciales entre cette île et l'étranger, ainsi qu'elles existaient avant la loi de germinal.

Ile de Corse : régime particulier.

Les lois de la République française relatives aux importations et exportations, sont exécutées dans cette île. *(Loi du 8 floréal an 11 art. 64.)*

Les marchandises et denrées expédiées du continent français pour cette île, ne sont soumises à aucun droit de sortie et d'entrée. *(Art. 65.)*

Les marchandises et denrées du crû et des fabriques de cette île, sont également exemptes des droits de sortie et d'entrée, lorsqu'elles sont envoyées sur le continent français, et qu'elles sont accompagnées d'un certificat d'origine et d'une expédition de la douane du port d'embarquement. *(Art. 66.)*

Les objets dont l'exportation à l'étranger est prohibée, ne peuvent être expédiés du continent pour cette île, que sur des permissions particulières du gouvernement. (*Art.* 67.)

Les marchandises étrangères dont l'importation n'est pas défendue, qui, après avoir été introduites en Corse, sont expédiées pour le continent, n'y sont admises, en exemption de droits, qu'en représentant les acquits de paiement de ceux qui ont été perçus à leur entrée dans cette île, et une expédition de la douane du port d'embarquement. (*Art.* 69.)

Les marchandises manufacturées en Corse, et de l'espèce de celles dont l'importation est défendue, qui sont expédiées de cette île pour les ports du continent, n'y sont admises qu'en justifiant, par des certificats authentiques, qu'elles ont été fabriquées en Corse. (*Art.* 70.)

Ile de Capraja.

Cette île est, pour ses relations avec l'étranger, soumise aux droits de douanes et aux prohibitions. (*Loi du 7 septembre 1807, art.* 9.)

Les réglemens de cette partie seront exécutés dans l'île de

Capraja, de la même manière que dans celle de Corse, avec laquelle elle aura une libre communication, en observant les formalités nécessaires. (*Même loi*, *art.* 10.)

Belle-Ile et Noirmoutiers.

Les dispositions des art. 65, 66, 67, 69 et 70 de la loi du 8 floréal an 11, relatives au régime de l'île de Corse, sont communes à Belle-Ile et Noirmoutiers. (*Art.* 72.)

Ile d'Elbe.

Ses ports et son territoire sont francs de droits de douane. (*Loi du* 8 *floréal an* 11, *art.* 73.)

Les droits de navigation y ont été établis.

ENTREPOT.

On nomme ainsi l'asyle donné à une marchandise, en attendant sa destination ultérieure.

Il a été continué aux commerces du Levant, de l'Inde, d'Afrique et des colonies Françaises, ainsi qu'aux tabacs en feuilles et eaux-de-vie autres que de vin; accordé aux marchandises étrangères arrivant dans les principaux ports, ainsi qu'à Lyon, Alexandrie et Savone, et régularisé à Strasbourg, Marseille, Cologne, Mayence et Gênes.

Il est de dix-huit mois, dans le port d'arrivée, pour les marchandises provenant du commerce français au Levant. (*Loi du* 11 *nivose an* 3, *art.* 3.)

De cinq années pour les toiles rayées ou à carreaux et les guinées bleues du commerce français au-delà du cap de Bonne-Espérance, et de deux années pour les autres marchandises de ce commerce. (*Loi du* 6 *juillet* 1791, *art.* 13.)

Pour favoriser le commerce du Sénégal et autres comptoirs de la côte d'Afrique, on admet en entrepôt réel les marchandises prohibées dites de *traite*, ci-après désignées, savoir : couteaux de traite, flacons de verre, rassades et autres verroteries, grosse quincaillerie, tabac de Brésil à fumer, toiles dites *guinées*, des bajulapaux, néganepaux et autres toiles à carreaux des Indes, cauris, fers de Suède, pipes de Hollande, platilles de Breslau, vases de cuisine venant de Saxe, barbuts, moques de faïence bariolée, poterie d'étain, rhum, tafia des colonies françaises ou de l'étranger, féverolles de Hollande, neptunes, bassins, chaudrons, baguettes, manilles, trompettes, cuivre rouge, clous de cuivre, verges rondes et barres plates, plomb de deux points, gros carton brun de 43 à 49 centimètres sur

119 à 130 centim.; les bonnets de laine, grelots, clochettes en métal, les bayettes. (*Loi du* 8 *floréal an* 11. *art.* 24.)

Pour le commerce des colonies françaises, on a ajouté à l'entrepôt dont jouissaient les bœufs, beurre, lard, saumons salés et chandelles importés de l'étranger pour ces colonies, celui des chaudières de cuivre à la même destination, le cuivre et les clous à doublage, en payant 6 fr. par 5 myriagr. au moment de l'expédition. (*Même loi*, *art.* 27.)

Pour les productions de ces colonies et celles des colonies étrangères, voyez *Denrées coloniales*.

Pour les tabacs en feuilles, voyez *Tabacs*.

Entrepôt des eaux-de-vie autres que de vin.

Les eaux-de-vie de genièvre jouissent à Roscoff, Morlaix, Saint-Malo, Cherbourg, Fécamp, Dieppe, Boulogne, Calais et Gravelines, d'un an d'entrepôt, pendant lequel elles peuvent être réexportées à l'étranger, en exemption de tous droits (*Loi du* 19 *octobre* 1791, *art.* 1er.): à Dunkerque et Ostende. (*Décisions des* 18 *ventose et* 18 *germinal an* 10.)

Les rhums et les tafias sont aussi admis en entrepôt réel à Cherbourg. (*Loi du* 8 *floréal an* 11, *art.* 46.)

Le commerce doit fournir sur le port, à ses frais, des magasins convenables, sûrs et réunis en un seul corps de bâtiment et enceinte; le plan du local doit être présenté au gouvernement, pour être approuvé s'il y a lieu. (*Art.* 47.)

L'importation des rhums et tafias, et eaux-de-vie de genièvre, ne peut être faite que par des bâtimens de cent tonneaux et au-dessus. (*Art.* 48.)

Entrepôt des marchandises étrangères.

Les marchandises et denrées étrangères non prohibées jouissent d'une année d'entrepôt dans les ports de Bayonne, Bordeaux, la Rochelle, Nantes, Lorient, Saint-Malo, Cherbourg, le Hâvre, Dunkerque, Ostende, Anvers, Marseille, Cette, Honfleur, Rouen, Bruges. (*Loi du* 8 *floréal an* 11, *art.* 23.)

L'entrepôt n'est accordé qu'à la charge de fournir sur le port des magasins convenables, sûrs et réunis en un seul corps de bâtiment: le plan du local doit être présenté au gouvernement, qui, après avoir fait examiner s'il est propre à sa destination, l'y affecte, s'il y a lieu, par un arrêté spécial. (*Art.* 25.)

Entrepôt de Strasbourg.

Les marchandises étrangères non prohibées, importées par le pont du Rhin, le Rhin et la rivière d'Ill, à la destination de Strasbourg, peuvent y être entreposées. (*Loi de floréal an* 11, *art.* 40 *et* 41.)

La durée de l'entrepôt est de six mois. (*Art.* 43.)

Les sucres têtes et terrés, cafés et cacao des colonies françaises, ainsi que les poivres déclarés devoir sortir en transit par Strasbourg, peuvent y être entreposés jusqu'à l'échéance de l'année d'entrepôt. (*Art.* 53.)

Entrepôt de Marseille.

Il y a un entrepôt de marchandises étrangères dans le port de Marseille. (*Loi de floréal an* 11, *art.* 28.)

L'entrepôt est réel, 1°. pour toutes les marchandises et denrées dont l'entrée est ou sera prohibée, ainsi que pour celles qui sont ou seront soumises au certificat d'origine; 2°. pour les marchandises manufacturées de toute espèce (les savons compris), les tabacs en feuilles, poissons salés, vins, eaux-de-vie, liqueurs, huiles, sucres, cafés, indigo, cacao et toutes autres denrées coloniales venant de l'étranger. (*Art.* 29.)

L'entrepôt est fictif pour toutes les marchandises et denrées dont l'entrée est permise, et qui ne sont pas désignées dans l'art. 29. (*Art.* 31.)

La durée de l'entrepôt réel ne peut excéder le terme de deux ans. (*Art.* 35.)

Entrepôt à Mayence et Cologne.

La loi du 1er. pluviose an 13, a établi sur les ports de Cologne et de Mayence, un entrepôt réel de marchandises et denrées étrangères prohibées et non prohibées.

Ces entrepôts sont établis dans des enceintes dont les maisons et magasins ne peuvent être employés qu'à recevoir les marchandises pour lesquelles on usera de la faculté de l'entrepôt.

Il n'est conservé qu'une porte pour le passage du local franc dans la ville, des marchandises destinées pour l'intérieur.

Entrepôt de Gênes.

Il y a à Gênes un port franc ou entrepôt réel de marchandises étrangères prohibées ou non prohibées, à l'exception de celles venant des fabriques ou du commerce de l'Angleterre, qui en sont formellement exclues. (*Loi du* 30 *avril* 1806, *art.* 42.)

Les navires chargés de marchandises destinées pour l'entrepôt, doivent aborder sur la partie du quai appelée *Ponte de mercanti*. Ils peuvent aussi aborder près de la partie de l'entrepôt qui a une communication directe avec la mer : les portes de ces passages qui conduisent dans le local franc, sont gardées par des préposés des douanes, et tous les soirs les clefs sont remises entre les mains du receveur de la douane. (*Art.* 44.)

Dans les vingt-quatre heures de l'arrivée, les capitaines ou patrons des bâtimens sont tenus de remettre au bureau de la douane le manifeste de leur chargement, avec indication des marques, numéros des caisses, ballots, barils, boucauts, etc. qui le composent. (*Art.* 45.)

Dans les trois jours de l'arrivée des bâtimens, les propriétaires ou consignataires doivent déclarer à la douane les marchandises, en désignant les marques, le nombre et le contenu des caisses, balles, etc., ainsi que les quantités et espèces. (*Art.* 46.)

Immédiatement après le débarquement, qui ne pourra s'effectuer que sur les deux points désignés, en présence des préposés des douanes, les marchandises sont vérifiées, pesées et portées sur deux registres, dont l'un est tenu par un receveur aux déclarations, et l'autre par un contrôleur aux entrepôts; les propriétaires ou consignataires sont tenus de faire au bas de chacun des enregistremens qui les concernent, leur soumission de représenter lesdites marchandises dans les délais déterminés. *(Art.* 47.*)*

Les marchandises sont ensuite transportées à l'entrepôt, sous la surveillance des préposés des douanes, qui les accompagnent jusqu'à la porte intérieure du local franc. *(Art.* 48.*)*

Lorsque les marchandises seront tirées de l'entrepôt, déclaration préalable devra en être faite à la douane, où elles seront immédiatement conduites et vérifiées. Celles arrivées par mer et qui seront réexportées par la même voie, ne paieront que le droit de balance; celles qui seront envoyées par terre à l'étranger, acquitteront les droits de transit fixés par le tarif joint à cette loi. *(Art.* 50.*)*

Les marchandises qui seront expédiées de l'étranger, en transit par terre, à la destination de l'entrepôt de Gênes, (celles venant du royaume d'Italie ou de la république Helvétique) seront vérifiées, enregistrées et soumissionnées, conformément aux dispositions de l'article 47, et mises dans l'entrepôt. *(Même art.* 50.*)*

Celles desdites marchandises qui seront envoyées à l'étranger, soit par terre, soit par mer, paieront le droit de transit. *(Même article.)*

Les marchandises venant du royaume d'Italie ou de la république Helvétique, à la destination de l'entrepôt de Gênes, et celles qui seront expédiées de Gênes pour transiter sur le territoire français, et se rendre soit en Italie, soit en Suisse, devront passer à l'entrepôt d'Alexandrie. *(Art. 51.)*

Les marchandises permises qui seront tirées du local franc pour la consommation de la France ou du duché de Parme, acquitteront les droits fixés par le tarif de l'empire français. *(Art. 52.)*

La durée de l'entrepôt est de deux années. Elle pourra être prorogée lorsque les circonstances l'exigeront : mais, à l'expiration de chaque semestre, les contrôleurs aux entrepôts se transporteront dans les différens magasins du local franc, et se feront représenter les marchandises par chaque propriétaire ou consignataire; s'il y a déficit, les propriétaires ou consignataires seront tenus de payer le double des droits pour les marchandises permises, et le double de la valeur pour celles prohibées. *(Art. 55.)*

Aucun individu ne pourra entrer dans l'entrepôt ou port franc de Gênes, s'il n'est porteur de sa patente de négociant ou d'une carte délivrée par le directeur des douanes. *(Art. 56.)*

Tout individu qui sera surpris sortant du port franc avec des marchandises prohibées ou en fraude des droits, sera, indépendamment de la confiscation des marchandises et de l'amende prononcée par les lois, condamné, pour la première fois, à six mois de prison, et pour la seconde à un an, conformément à l'article 26 de la loi du 22 ventose an 12. *(Art. 58.)*

Les négocians qui ont des magasins dans l'entrepôt, ne pourront vendre ni laisser sortir desdits magasins aucunes marchandises, qu'après en avoir fait la déclaration à la douane : ceux qui seront convaincus d'avoir contrevenu à cette disposition, ou d'avoir eux-mêmes confié des marchandises à des hommes salariés pour les introduire dans la ville, seront, indépendamment des peines portées par les lois, privés de la faculté de l'entrepôt, du transit et de tout crédit de droits, conformément à l'art. 83, section 4, de la loi du 8 floréal an 11. *(Art. 59.)*

Entrepôt d'Alexandrie.

Il y aura dans cette ville un entrepôt réel de marchandises étrangères prohibées ou non prohibées, à l'exception de celles venant des fabriques ou du commerce anglais. *(Loi du 30 avril 1806, art. 60.)*

Cet entrepôt est une continuation de celui de Gênes. Les marchandises expédiées de ce dernier entrepôt à destination de l'Italie ou de la Suisse, ainsi que celles venant de l'Italie, de la Suisse ou d'autres pays étrangers, par la navigation du Pô, à destination de Gênes, devront arriver à l'entrepôt d'Alexandrie, (sauf quelques exceptions.) (*Art.* 61.)

La durée de l'entrepôt est d'un an. Avant l'expiration de l'année, les marchandises doivent être déclarées pour la consommation ou expédiées pour l'étranger. (*Art.* 71.)

Entrepôt de Savone.

Il y aura dans la ville de Savone un entrepôt de denrées coloniales et de marchandises étrangères non prohibées. (*Décret du* 27 *septembre* 1807, *art.* 9.)

Cet entrepôt, dont la durée pourra être d'une année, sera soumis aux conditions prescrites par la 3e section du titre 4 de la loi du 8 floréal an 11. Les marchandises qui en seront tirées pour la consommation, acquitteront immédiatement les droits; celles qui seront renvoyées, devront être réexportées directement par mer. (*Même article.*)

Entrepôt de Lyon.

Il y aura à Lyon un dépôt pour les marchandises étrangères non prohibées et denrées coloniales mises, à leur débarquement, dans l'entrepôt réel de Marseille. (*Loi du* 30 *avril* 1806, *art.* 29.)

Toutes les marchandises fabriquées sont formellement exclues de la faculté du dépôt. (*Art.* 30.)

Les droits d'entrée seront acquis au trésor public au moment où les marchandises seront tirées de l'entrepôt de Marseille pour le dépôt de Lyon; mais la perception en sera suspendue jusqu'à celui de leur sortie dudit dépôt pour la consommation. (*Art.* 31.)

Elles doivent arriver à Lyon dans le délai d'un mois, si elles sont transportées par terre, et dans celui de deux mois, si elles sont embarquées sur le Rhône. (*Art.* 32.)

Après le délai d'une année, à compter du jour de l'entrée des marchandises dans l'entrepôt de Marseille, elles devront acquitter les droits et sortir du dépôt. Celles qui en seront tirées avant l'expiration du délai, paieront immédiatement les droits. (*Art.* 36.)

Les sucres têtes et terrés, les cafés, cacao des colonies françaises et les poivres qui jouissent du transit en exécution de la loi du 8 floréal an 11, auront la même faculté en sortant du dépôt de Lyon : le transit ne pourra s'effectuer que par les bureaux de Versoix, Verrières-de-Joux, Bourg-Libre et Strasbourg. *(Art. 37.)*

TRANSIT.

On nomme ainsi le passage sur le territoire français, d'une marchandise expédiée de l'étranger à l'étranger.

Il est accordé, à la sortie de l'entrepôt, aux laines non filées arrivant d'Espagne à Bayonne tant par mer que par les bureaux de Béhobie et d'Ainhoa. *(Loi du 7 septembre 1807, article 7.)*

Aux marchandises étrangères non prohibées empruntant l'ancien département du Mont-Terrible. *(Décret du 26 mai 1793.)*

A celles également permises (à l'exception des toiles peintes de pur fil et des tabacs en feuilles) entrant par Bourg-Libre et Strasbourg, et sortant par Mayence, et réciproquement. *(Loi du 8 floréal an 11, art. 55, et décret du 9 vendémiaire an 13.)*

Aux sucres têtes et terrés, cafés et cacao des colonies françaises et aux poivres, pendant leur année d'entrepôt. Voyez *Denrées coloniales*.

Aux mêmes espèces tirées de l'entrepôt de Lyon pour l'étranger. (Voyez *Entrepôt.*)

La faveur du transit est enfin accordée aux marchandises étrangères expédiées de l'entrepôt de Gênes pour le royaume d'Italie et la Suisse, ou qui seront expédiées desdits pays pour ledit entrepôt, et en seront exportées pour l'étranger, soit par terre, soit par mer. *(Loi du 30 avril 1806, art. 50.)*

Il y aura dans la ville de Novi, département de Gênes, un bureau de douanes pour le dépôt et la vérification de ces marchandises. (*Décret du 27 septembre 1807, art.* 4.)

Elles seront plombées soit à la douane de Gênes, soit dans les bureaux placés sur les frontières de l'Italie ou de la Suisse, et accompagnées d'acquits-à-caution qui indiqueront, en détail, les quantités et les espèces, ainsi que le poids, nombre ou mesure de chaque balle, caisse, baril, etc. (*Même décret, art.* 5.)

TRANSIT PAR L'ESPAGNE.

Le transit par l'Espagne, des cotons et laines envoyés de Portugal en France, et celui des draps et autres marchandises françaises destinées pour le Portugal, et dont l'entrée ne serait pas défendue en Espagne, a été accordé par Sa Majesté Catholique, dont la résolution a été communiquée le 18 novembre 1807 à l'ambassadeur de France à Madrid.

La douane de Vittoria et celle de Badajos sont seules désignées pour les introductions et exportations respectives.

Les propriétaires doivent s'obliger à faire constater par des certificats du consul d'Espagne résidant soit en France soit en Portugal, l'arrivée des marchandises dont la destination a été pour l'une ou pour l'autre puissance.

DROIT SUR LES GRAINS EXPORTÉS.

Les grains dont le gouvernement autorise la sortie par certains ports et bureaux, acquittent, par quintal métrique, un droit progressif en raison du prix moyen de l'hectolitre de froment déterminé dans chaque département d'après les mercuriales; savoir :

	NATURE DES GRAINS.			
	Froment.		Seigle, orge, avoine, maïs et autres menus grains et légumes.	
Lorsque le prix moyen de l'hectolitre de froment est au-dessous de .... 19 f.	2 f.	c.	1 f.	c.
Lorsqu'il s'élève à 19	2	50	1	25
à 20	3		1	50
à 21	4		2	
à 22	6		3	
à 23	8		4	
à 24	Prohibé.		Prohibé.	

(*Décision de S. M. I. du 2 juillet* 1806, *et lettres du ministre de l'intérieur des* 11 *du même mois et* 16 *janvier* 1807.)

Ces droits, non susceptibles du *décime additionnel*, sont perceptibles au *poids net*, en évaluant le brut suivant les tares reçues dans le commerce. (*Lettre du* 14 *janvier* 1808.)

La farine et le pain payent comme l'espèce de grain dont ils proviennent. (*Même lettre.*)

TARIF DES DROITS DE NAVIGATION, *d'après le décret du 27 vendémiaire an 2, non compris le décime par franc.*

Ce tarif ayant pour objet de favoriser la construction et la navigation françaises, on a dû prendre des mesures pour empêcher les constructions et navigations étrangères de jouir des mêmes avantages.

Ainsi un bâtiment, quoique de construction française, n'en a les priviléges qu'autant que ses officiers et les trois quarts de l'équipage sont français. *(Loi du 21 septembre 1793, art. 2.)*

Les bâtimens appartenant aux îles de la Martinique et autres Françaises, pour être reconnus nationaux, doivent produire un certificat des préfets coloniaux, qui atteste cette nationalité. *(Lettre du ministre de la marine, du 10 thermidor an 10.)*

Quoique la loi du 19 mai 1793 ait permis l'entrée des navires étrangers, la francisation doit en être refusée.(*Circ. du 23 pluviose an 10.*)

Le navire étranger échoué ou devenu propriété française, pouvant être francisé quand il a reçu des réparations dont le montant a été du quadruple du prix de la vente (*Loi du 27 vendémiaire, art. 7.*), il a fallu empêcher qu'il ne fût abusé de cette disposition.

La valeur doit être constatée par l'estimation de trois experts nommés d'office; un par la douane, un par la marine, le troisième par le tribunal de commerce. Cette estimation pourra avoir lieu devant les officiers du port, èt le procès-verbal en sera dressé par triple expédition. (*Ainsi convenu entre les ministres des finances et de la marine, le 29 thermidor an 10.*

On ne doit délivrer d'acte de francisation à ces bâtimens, que sur la représentation du contrat de propriété française et du procès-verbal, en due forme, des réparations faites au quadruple; l'acte expédié doit relater l'une et l'autre. *(Circulaire du 7 fructidor an 10.)*

Acte de francisation.

D'après l'art. 26, il est dû par un bâtiment jusqu'à 100 tonneaux inclusivement....................... 9fr.

m

De 100 tonneaux jusques et y compris 200........ 18 f.

De 200 tonneaux et au-dessous de 300............ 24

De 300 tonneaux et au-dessus, 6 francs de plus par chaque cent tonneaux.

L'inscription au dos de cet acte, de la vente de partie du bâtiment. *(Art. 17.)*.................... 6

On ne doit que le même droit, quoique le bâtiment soit vendu en totalité.

Si on le vendait en quatre portions distinctes, il y aurait quatre endossemens; il serait dû autant de 6 francs.

Celui qu'un héritage rend propriétaire d'un bâtiment doit le droit, parce qu'il y a mutation de propriété à inscrire. *(Décision du 2 germinal an 7.)*

Si, lors d'une seconde vente ou transmission, on reconnaissait que celle antérieure n'aurait point été inscrite, il faudrait faire payer, avec le second droit, le premier non acquitté. (*Lettre du* 12 *vendémiaire an* 6.)

Les ventes de navires peuvent être reçues par les courtiers. *(Lettre du ministre, du 15 ventose an 12.)*

Congé.

Pour un bâtiment non ponté. *(Art. 6.)*........... 1fr.

Un bâtiment ponté au-dessous de 30 tonneaux. *(Même art. 6.)*................................ 3

Un bâtiment ponté de 30 tonneaux et au-dessus. *(Art. 26.)*...................................... 6

Quoique ces derniers congés ne soient valables que pour un voyage, les bâtimens expédiés pour un port étranger peuvent y prendre des chargemens à toute destination; mais ils sont tenus de revenir dans un port de France, à l'effet d'y renouveler leurs congés, au moins dans le cours de l'année. *(Décision du 5 pluviose an 11.)*

Souvent un navire expédié d'un port pour un autre de France, ne revient pas directement dans le port du départ; si, dans celui de sa destination, il prend un chargement pour l'étranger ou pour un autre port de France, il fait un second voyage; dès-lors il doit renouveler son congé. *(Même décision.)*

Les bâtimens employés dans le Levant, qui ne seront pas revenus en France une année après la date du congé qui leur aura été délivré lors de leur départ, paieront double le droit du premier congé qui leur sera expédié à leur retour. Les armateurs et capitaines seront même tenus de justifier, par des certificats des commissaires des relations commerciales, des causes qui auront empêché les bâtimens de revenir en France dans le délai d'une année. (*Même décision.*)

A l'égard de ceux qui ne seraient pas revenus en France dans l'espace de deux années, la soumission qu'ils auront souscrite conformément à l'article 11 de la loi du 27 vendémiaire an 2, sera exécutée. *(Même décision.)*

Passeport.

Passeport nécessaire à un bâtiment étranger, par assimilation à un certificat. *(Art. 37.)* .... 1 fr.

Droit de tonnage.

Sa quotité par tonneau (1).

Un bâtiment français au-dessus de 30 tonneaux, venant d'un port français sur l'Océan dans un autre port sur l'Océan, ou d'un port français sur la Méditerranée dans un autre sur la Méditerranée, doit *(art. 30.)* 15 centimes;

Venant d'un port français sur l'Océan dans un sur la Méditerranée, et réversiblement *(même article)*, 20 centimes;

Venant des colonies et comptoirs des français en Asie, en Afrique, en Amérique, dans un port de France *(art. 31.)*, 30 centimes.

Tout bâtiment étranger (2) venant dans un port de France. *(art. 33.)*, 2 fr. 50 cent.

Droit de tonnage relativement aux chargemens et déchargemens dans différens ports.

Un bâtiment étranger qui, après avoir chargé des productions nationales dans un port de France, va completter sa cargaison en marchandises aussi nationales dans un autre port où il ne fait pas de déchargement et ne reçoit point de réparation, n'est assujetti qu'à un seul droit de tonnage. *(Décision du 8 frimaire an 10.)*

Cette faveur est étendue aux navires qui sortent du premier port sur leur lest, pour aller commencer leur chargement de retour dans un autre port; et ce chargement peut être com-

---

(1) Ce droit étant imposé sur la contenance et non sur le volume du navire, les dimensions pour la jauge doivent toutes être intérieures. *(Circulaire du 8 thermidor an 10.)*

Il n'est exigible que vingt jours après l'arrivée du bâtiment, mais il doit être acquitté avant le départ *(Loi du 4 germinal, tit. 3, art. 12)*; on peut prendre des sûretés pour en assurer le paiement.

(2) Quand même le bâtiment ne porterait que des passagers. *(Décision du 3 nivose an 5.)*

posé en tout ou en partie de marchandises étrangères prises dans nos entrepôts. *(Décision du 12 germinal an 13.)*

Il ne serait également dû qu'un droit de tonnage sur un bâtiment dont la majeure partie du chargement consisterait en comestibles, quoique le déchargement s'en fît dans plusieurs ports, et que, même après, ce navire allât sur son lest dans un autre port pour y prendre un chargement de retour. *(Arrêté du 26 ventose an 4, art. 1er.)*

Droit de tonnage relativement aux relâches forcées.

Le droit de tonnage est essentiellement droit d'abord, perceptible par le seul fait de l'entrée d'un navire dans nos ports; aussi est-il dû même dans le cas de relâche forcée *(Loi du 4 germinal an 2, tit. 2, art. 6)*, et quand même le bâtiment ne resterait pas vingt-quatre heures dans le port. (*Lettre du 23 prairial an 2.*)

Il est dû par un bâtiment échoué conduit dans un port pour y être radoubé.

Mais on a excepté les bâtimens étrangers à destination pour un port de France, entrant par détresse dans un autre port, lorsqu'ils n'y font aucune opération de commerce ou n'y reçoivent pas de réparations. *(Arrêté du 26 ventose an 4, art. 2.)*

Ceux qui, chargés dans un de nos ports, sont forcés de relâcher dans un autre en retournant à l'étranger. *(Décision du 27 fructidor an 4.)*

Les bâtimens français expédiés d'un port de France à un autre, lorsque dans ceux de relâche ils ne déchargent pas de marchandises. *(Décision du 7 nivose an 11.)*

Les lettres des ministres des finances et de la marine exigent même que, pour donner lieu dans ce cas à la perception, il soit déchargé ou chargé une partie essentielle de la cargaison.

Bâtimens exempts du droit de tonnage.

Français de 30 tonneaux et au-dessous. *(Art. 30.)*

Français, même au-dessus de 30 tonneaux, venant de la pêche, de la course ou d'un port étranger. *(Art. 32.)*

(Les premiers ne doivent avoir à bord que le produit de leur pêche; les seconds, que les marchandises composant la cargaison du navire pris.)

Bâtiment naviguant seulement dans l'intérieur des rivières, sans emprunt de la mer. *(Décision du 11 fructidor an 5.)*

Bâtiment de la marine impériale et ceux français ou étrangers frétés pour le compte de l'état. *(Art. 3.)*

Bâtiment parlementaire à l'usage unique du gouvernement, encore bien qu'à son retour il prenne des marchandises ou des passagers. *(Lettre du 3 nivose an 5.)*

Bâtiment pris sur les ennemis de l'état. *(Décisions des 9 vendémiaire an 6 et 5 thermidor an 12.)*

Bâtiment qui, forcé d'entrer dans un port et d'y décharger sa cargaison, est condamné comme ne pouvant plus tenir la mer. *(Décision du 7 brumaire an 6.)*

Bâtiment échoué dont le capitaine fait l'abandon, encore que la cargaison soit sauvée *(Décision du 7 frimaire an 3.)*

Bâtiment trouvé abandonné, et appartenant en conséquence à l'état comme épave de mer.

Droits d'expédition (1) *; leur quotité.*

Le droit d'expédition, d'entrée et de sortie d'un bâtiment étranger de 200 tonneaux ou au-dessous, *(Art. 35.)*	18 f.
Au-dessus de 200 tonneaux. *(Même article.)*	36
Bâtiment français de 30 à 150 tonn. *(Art. 36.)*	2
De 150 à 300. *(Même article.)*	6
Au-dessus de 300 tonneaux. *(Même article.)*	15

Droits d'acquit (2), *Permis* (3) *et Certificat.*

Pour tout acquit, permis et certificat relatif à une cargaison étrangère. *(Art. 37.)*	1 fr.	
Pour cargaison française. *(Même article.)* ..		50 c.

Bâtimens pour la pêche.

Les bâtimens français venant de la pêche ne paient aucun droit de tonnage. *(Art. 32.)*

---

(1) Le bâtiment exempt du droit de tonnage, l'est aussi de ceux d'expédition. *(Décision du 23 pluviose an 2.)*

On a également affranchi du droit d'expédition les barques Espagnoles de quatre à cinq tonneaux, qui, en retournant de France en Espagne, cherchent, pendant la nuit, un abri dans un port de la Méditerranée. Ils ne doivent dans leurs diverses relâches, soit volontaires ou forcées, que le droit de tonnage, suivant les circonstances. *(Décision du 19 brumaire an 10, et circulaire du 22.)*

(2) Il doit être perçu un droit particulier d'acquit pour chaque expédition. *(Décision du 17 floréal an 5.)*

Ce droit n'étant qu'accessoire, n'est dû qu'autant qu'il y a lieu au paiement d'un droit principal de navigation.

(3) Le droit de permis est dû sur chaque déclaration de chargement ou de déchargement. *(Décision du 17 floréal an 5.)*

Mais il n'en est délivré qu'un pour la même partie de marchandises,

L'immunité accordée à ces bâtimens est étendue à ceux qui les suppléent en transportant les produits de la pêche aux lieux les plus avantageux de la vente. *(Décision du 28 pluviose an 10.)*

Les congés délivrés pour ces bâtimens valent pendant un mois, quel que soit le nombre d'expéditions faites pendant ce tems. *(Décision du 27 nivose an 8.)*

Mais ils sont sujets au droit de permis pour le déchargement du produit de leur pêche. *(Décision du 25 pluviose an 5.)*

Paquebots.

Les paquebots français doivent être francisés dans les formes et avec les formalités ordinaires. *(Lettre du ministre des finances à l'administration des postes, du 28 pluviose an 10.)*

Exploités par cette administration, ils sont considérés comme bâtimens de l'état, lorsqu'ils ne transportent que les dépêches et les passagers. *(Décision du 15 floréal an 10.)*

Navires neutres autorisés à faire le cabotage.

Ces navires n'ont à payer d'autres droits de navigation que ceux imposés sur bâtimens français. (*Arrêté du 17 thermidor an 3.*)

Demi-droit de tonnage.

Il sera perçu sur les navires français et étrangers une contribution égale à la moitié du droit de tonnage. (*Loi du 14 floréal an 10, art. 7.*)

Le produit de ce droit qui, suivant une lettre du ministre du 23 du même mois, est passible du décime par franc, est uniquement destiné aux frais de réparation et d'entretien des ports où le recouvrement s'en effectue.

C'est par ce motif, que la perception doit être effectuée sur les bâtimens qui naviguent pour le compte des agens de la marine. *(Décision du 28 nivose an 11.)*

Les bâtimens français de 30 tonneaux et au-dessous étant

---

quelle que soit la durée de son chargement et de son déchargement.

Ce droit est dû sur les bâtimens naviguant en rivière, dès qu'ils ont trente tonneaux. *(Decision du 17 floréal an 5.)*

Les habitans de l'île de Bréhat ne paient qu'un seul droit de permis pour le chargement et déchargement des objets qu'ils font venir de la terre ferme, sur des barques de quatre à cinq tonneaux. *(Arrêté du 25 brumaire an 6.)*

exempts du droit de tonnage, ne sont point passibles de ce demi-droit *(Décision du 29 thermidor an 10.)* (1).

DROIT DE GARANTIE SUR L'ARGENTERIE IMPORTÉE DE L'ÉTRANGER.

Les ouvrages d'or et d'argent venant de l'étranger, doivent, indépendamment du droit de douane, un droit particulier pour la garantie de leur titre. (*Loi du 19 brumaire an 6, art. 23.*)

Ce droit est fixé à 20 francs par hectogramme d'or, et à un franc par hectogramme d'argent. (*Art. 21.*)

Il est dû sur les vieux ouvrages, à moins qu'on ne consente à les briser au premier bureau des douanes en présence des préposés. (*Lettre du ministre, du 12 prairial an 7.*)

Objets exempts du droit de garantie.

1°. Les ouvrages d'or et d'argent appartenant aux ambassadeurs et envoyés des puissances étrangères.

2°. Les bijoux d'or à l'usage personnel des voyageurs, et les ouvrages en argent servant également à leur personne, pourvu que le poids n'excède pas, en totalité, cinq hectogrammes. (*Loi du 19 brumaire an 6, art. 23.*)

Restitution d'une partie du droit de garantie sur les ouvrages exportés.

Les ouvrages d'or et d'argent fabriqués en France, qui passent à l'étranger, jouissent du remboursement des deux tiers du droit de garantie qu'ils ont acquitté, pourvu que l'exportation ait lieu par les bureaux désignés (2). (*Loi du 19 brumaire an 6, art. 25, 26 et 27.*)

Les expéditions doivent être accompagnées d'une déclara-

---

(1) On peut aussi consulter le *Code raisonné de Navigation*, qui se trouve chez Ant. Bailleul, rue Helvétius, n°. 71, 1 vol. *in*-8°. : prix, 3 fr. pour Paris et 4 fr. pour les départemens.

(2) Les bureaux de terre sont : Pas-de-Béhobie, Ainhoa, Turnhout, Cologne, Coblentz, Mayence, Strasbourg, Bourg-Libre, Pontarlier, Versoix, le Boulou, Verceil.

Ceux de mer : Bayonne, Bordeaux, la Rochelle, Nantes, St.-Malo, Rouen, le Hâvre, St.-Valery-sur-Somme, Boulogne, Calais, Dunkerque, Ostende, Anvers, Nice, Toulon, Marseille, Cette, Port-la-Victoire et Agde. (*Arrêtés des 5 frimaire, 23 pluviose an 7, 9 vendémiaire an 10, et 18 pluviose an 11.*)

tion descriptive faite au bureau de garantie où le droit a été acquitté, certifiée par les préposés de ce bureau.

Ces déclarations et certificats, légalisés par les maires, et, à Paris, par les administrateurs des monnaies, sont présentés à la douane de sortie, où l'exportation est constatée par les receveurs et autres commis.

Le *visa* du directeur des douanes dans l'arrondissement duquel se trouve le bureau de sortie, et le sceau de l'administration, complettent les formalités exigées pour le remboursement. (*Lettres du ministre*, *des* 22 *nivose et* 22 *germinal an* 7.)

Les ouvrages d'or et d'argent reconnus, par les préposés, sans la marque de garantie, doivent être saisis. (*Lettre du ministre des finances, du* 18 *thermidor an* 8.)

DROIT DE FABRICATION SUR LE TABAC.

Le droit de fabrication des tabacs qui avait été établi par l'article 18 de la loi du 5 ventose an 12, sera perçu sur le poids des feuilles de tabac employées à la fabrication, à raison de huit décimes par kilogramme. (*Loi du* 24 *avril* 1806, *art.* 45.)

Il sera perçu en outre sur les tabacs fabriqués une taxe de deux décimes par kilogramme, qui sera payée par les fabricans lors de la vente de ces matières; ils seront obligés de tenir registre de ces ventes, et de le représenter aux employés de la régie sur leur première réquisition. (*Art.* 46.)

Les tabacs fabriqués seront revêtus des marques et vignettes de la régie, faute de quoi ils seront saisis et confisqués. (*Art.* 47.)

Ce droit est acquis sur les feuilles, soit étrangères, soit indigènes, au moment de leur entrée dans les fabriques, et il est payable par parties égales, en traites ou obligations suffisamment cautionnées, à trois, six, neuf et douze mois de terme. (*Loi du* 5 *ventose an* 12, *art.* 22.)

Il est fait restitution de ce droit aux tabacs de fabriques nationales, tant en poudre qu'en carottes, qui sont exportés à l'étranger. (*Même loi, art.* 29.)

Ces tabacs ne peuvent sortir des fabriques qu'après une déclaration faite aux préposés de la régie, et munis d'un acquit-à-caution, qui doit être déchargé au bureau de la douane par lequel la sortie a lieu (1). (*Art.* 30.)

---

(1) L'exportation doit s'effectuer, par terre, par l'un des bureaux de Cologne, Coblentz, Mayence, Worms, Spire, Strasbourg, Bourg-Libre, Bienne, Pontarlier, Morez, Versoix, Genève, Pas-de-Béhobie, Ainhoa, le Boulou et Ax.

Sur la représentation de cet acquit déchargé, la restitution du droit s'effectue par le bureau de la régie des droits réunis qui a perçu les droits de fabrication dans la fabrique d'où l'expédition du tabac exporté a été faite. (*Même article.*)

MARCHANDISES DE PRISES.

Les marchandises provenant de prises sont assujetties aux droits d'entrée ou aux prohibitions établies par les lois générales.

Les droits sont à la charge des acquéreurs, et doivent être acquittés avant la livraison. (*Arrêté du 2 prairial an* 11, *art.* 87.)

S'il s'agit de marchandises prohibées, et qu'elles ne puissent être réexportées à la suite de l'adjudication, elles sont mises en entrepôt réel dans les magasins de la douane.

Dans tous les cas, la réexportation des marchandises de prises doit être faite directement par mer; elles ne jouissent plus de la faculté du transit. (*Circulaires des* 26 *prairial an* 11 *et* 21 *mars* 1807.)

SELS. *

Tous les sels enlevés, soit des marais salans de l'Océan, soit de ceux de la Méditerranée, soit des salines de l'est, soit de toute autre fabrique de sel, sont assujettis à un droit de deux décimes par kilogramme. (*Loi du* 24 *avril* 1806, *tit.* 7, *art.* 48.)

La subvention d'un décime par franc ne doit point être ajoutée à ce droit. (*Circulaire du 2 mai suivant.*)

Tous les sels fabriqués dans les salines des départemens de la Meurthe, du Jura, du Mont-Blanc, de la Haute-Saône, du Doubs, du Bas-Rhin et du Mont-Tonnerre, paient, outre le droit de deux décimes par kilogramme, deux francs par

---

Par mer, par Saint-Jean-de-Luz, Bayonne, Bordeaux, Rochefort, la Rochelle, Nantes, Lorient, Brest, St.-Malo, Cherbourg, Caen, Honfleur, Rouen, le Hâvre, Dieppe, Saint-Valery-sur-Somme, Boulogne, Calais, Dunkerque, Ostende, Anvers, Antibes, Nice, Toulon, Marseille, Cette, Agde et Port-la-Victoire. (*Arrêtés des* 11 *nivose et* 23 *pluviose an* 7, *et décision du* 23 *décembre* 1806.)

* Pour les dispositions pénales, Voyez le Dictionnaire de la Législation des droits de Douane. (Cet ouvrage se trouve chez Ant. Bailleul, imprimeur-libraire et éditeur du *Journal du Commerce*, rue Helvétius, n°. 71. 1 vol. in-8°. Prix 5 f., et 6 f. 50 c. franc de port.)

quintal métrique du sel de leur fabrication. (*Même loi, tit.* 7, *art.* 49.)

Le droit établi est dû par l'acheteur, au moment de la déclaration de l'enlèvement. (*Art.* 52.)

Néanmoins, lorsque la déclaration donne ouverture à un droit de plus de six cents francs, la régie peut recevoir en paiement du droit, des obligations suffisamment cautionnées, payables à trois, six et neuf mois. (*Art.* 53.)

Nul enlèvement de sel dans la distance de trois lieues des marais salans, fabriques ou salines situées sur les côtes et frontières, et dans les trois lieues de rayon des fabriques et salines de l'intérieur, ne peut être fait sans une déclaration préalable au bureau le plus prochain du lieu de l'extraction, et sans avoir pris un congé ou un acquit-à-caution, que les conducteurs seront tenus de représenter aux préposés, à toute réquisition, dans les trois lieues des côtes et frontières, ou des fabriques et salines de l'intérieur. (*Décret impérial du* 11 *juin* 1806, *art.* 2.)

La surveillance des douanes s'exerçant sur la circulation intérieure des sels, jusqu'à la distance de trois lieues des côtes de tout l'empire, soit qu'il y existe ou non des marais salans, salines et fabriques de sels, il ne peut en être transporté dans le rayon de trois lieues des côtes, sans déclaration préalable au bureau le plus prochain du lieu de l'enlèvement, et sans être accompagnés de congés(1) ou d'acquits-à-caution. (*Décret du* 25 *janvier* 1807.)

Ces dispositions sont applicables à chaque bord des rivières affluentes à la mer, en remontant ces mêmes rivières jusqu'au dernier bureau des douanes où se peuvent payer les droits d'importation ou d'exportation; et la distance de trois lieues dans le rayon desquelles les sels doivent être accompagnés de congés ou acquits-à-caution, se mesure, 1°. du rivage de la mer vers l'intérieur; 2°. pour les rivières affluentes à la mer, de chaque point du bord de ces mêmes rivières, en rentrant vers l'intérieur des terres, jusqu'au dernier bureau des douanes. (*Décret du* 6 *juin suivant.*)

Les déclarations contiendront le nom du vendeur, celui de l'acheteur, la quantité de sel vendue, le nom du voiturier ou du maître du bateau ou barque qui devra faire le transport, le lieu de la destination, et la route à tenir. (*Décret du* 11 *juin* 1806, *art.* 3.)

Si les droits ont été payés au moment de la déclaration, il sera délivré un congé qui en fera mention. (*Art.* 4.)

---

(1) Ces congés ou passavans ne sont point soumis au timbre. (*Circul. du* 3 *août* 1807.)

Il sera délivré un acquit-à-caution, lorsque la déclaration n'aura pas donné lieu à l'acquit des droits. (*Art.* 5.)

Aucun enlèvement de sels ne pourra être fait avant le lever du soleil ou après son coucher, et qu'en suivant la route indiquée par le congé ou acquit-à-caution. Ces expéditions indiqueront le délai après lequel elles ne seront plus valables. (*Art.* 6.)

Les sels transportés par mer, et destinés pour la consommation intérieure, pourront être expédiés sous acquit-à-caution, et jouir de l'entrepôt dans les ports et dans les villes de l'intérieur désignés par le gouvernement. (*Loi du 24 avril, tit* 7, *art.* 56.)

Le droit sera perçu au moment du débarquement, sur les sels conduits dans les ports qui ne jouiront pas de l'entrepôt. (*Décret du* 11 *juin* 1806, *art.* 9.)

Si les sels sont transportés dans un des ports où l'entrepôt est permis, ils pourront y être entreposés sous une double clef, dont l'une restera entre les mains du receveur de la douane, et n'acquitter les droits que lorsqu'ils en seront tirés pour la consommation. (*Même décret, art.* 10.)

Si les sels entrent dans les rivières pour remonter dans l'intérieur, les droits seront perçus au bureau des douanes le plus avancé en rivière, à moins qu'ils ne soient destinés pour l'un des grands entrepôts de l'intérieur. (*Article* 11.)

Il est accordé à tous ceux qui enlèvent des sels des lieux de fabrication, soit qu'ils soient destinés pour les entrepôts ou pour la consommation, cinq pour cent pour tout déchet; de manière que, déduction faite de cette seule quantité, le droit est dû sur la totalité des sels compris dans les déclarations et acquits-à-caution. (*Art.* 12.)

Les sauniers ou paludiers qui voudront enlever des sels des marais salans pour les transporter à dos de chevaux et de mulets, et les vendre dans l'intérieur, ne paieront les droits qu'au retour de chaque voyage, s'ils fournissent caution pour le montant desdits droits : il ne leur sera accordé un second crédit que lorsque le premier aura été acquitté. (*Art.* 14.)

Toutes les fabrications de sels par l'action du feu, situées dans le rayon du service des douanes, seront tenues en exercice par les préposés de cette administration. (*Art.* 18.)

Les fabricans ne pourront laisser sortir de leurs magasins aucune quantité de sels, que sur la représentation du permis que l'acheteur aura levé au bureau des douanes. (*Art.* 20.)

Ceux qui contreviendront à cette disposition, seront condamnés au paiement du double droit des sels qu'ils auront vendus. (*Même article.*)

Entrepôts dans les ports.

Les sels provenant des marais salans ou salines, jouissent de la faculté de l'entrepôt dans les villes *d'Anvers*, *Gand*, *Bruges*, *Ostende*, *Dunkerque*, *Calais*, *Boulogne*, *Étaples*, *St-Valery-sur-Somme*, *Abbeville*, *Dieppe*, *le Hâvre*, *Rouen*, *Honfleur*, *Caen*, *Cherbourg*, *Granville*, *Marans*, *St-Malo*, *le Legué*, *Morlaix*, *Brest*, *Lorient*, *Quimper*, *Vannes*, *Rhedon*, *Nantes*, *la Rochelle*, *les Sables*, *Rochefort*, *Charente*, *Bordeaux*, *Libourne*, *Bayonne*, *Cette*, *Agde*, *Narbonne*, *Toulon*, *Marseille*, *Arles* et *Nice*. (*Décret du* 11 *juin*, *art.* 21.)

La ville de *Gênes* jouit de la faculté de l'entrepôt, mais sous la condition expresse que les sels seront entreposés dans les magasins du port franc. (*Même article.*)

L'entrepôt sera réel et soumis à toutes les conditions et formalités prescrites pour les entrepôts des douanes. (*Art.* 22.)

Les sels entreposés dans les ports qui ont cette faculté, peuvent être expédiés par mer à destination des autres ports de France, sous la formalité de l'acquit-à-caution. (*Art.* 23.)

Si la destination est pour l'un des ports qui ont la faculté de l'entrepôt, ils pourront y être de nouveau entreposés; dans le cas contraire, ils paieront les droits au moment du débarquement. (*Même article.*)

Il suit de ces dispositions que les sels arrivant soit des marais salans, soit d'un entrepôt dans un port auquel cette faculté n'est pas accordée, doivent acquitter les droits au moment de leur débarquement, et ne peuvent être réexpédiés pour une destination quelconque, même privilégiée, mais seulement sous acquit de paiement. (*Circulaire du* 24 *décembre* 1806.)

Entrepôts de l'intérieur.

Il y a un entrepôt réel de sels dans les villes de *Paris*, *Lyon*, *Toulouse* et *Orléans*; il est soumis à toutes les formalités prescrites pour les entrepôts des douanes. (*Décret du* 11 *juin* 1806, *art.* 24.)

Les sels destinés pour ces entrepôts seront expédiés par rivière, sous les formalités d'acquits-à-caution des douanes. (*Art.* 25.)

L'administration des douanes est chargée de la surveillance desdits entrepôts, et de la perception du droit sur les sels qui y sont déposés, lorsqu'ils entrent dans la consommation. (*Art.* 26.)

Sels employés à la pêche maritime, ou pour les salaisons destinées aux approvisionnemens de la marine et des colonies.

Il n'y a pas lieu au paiement du droit pour ces sels. (*Loi du 24 avril, tit. 7, art. 55.*)

Ils ne sont pas même passibles du droit de balance. (*Circulaire du 24 juillet* 1806.)

Les sels destinés à la pêche maritime jouissent, dans tous les ports où il y a un bureau de douane, d'un entrepôt d'une année, en quantités proportionnées au nombre et au tonnage des bâtimens employés à la pêche, sous toutes les conditions et formalités prescrites par les lois pour les marchandises admises en entrepôt réel. (*Décret du 11 juin, art. 27.*)

Les propriétaires des sels déclarés pour la pêche, peuvent les tirer de l'entrepôt pour la consommation, en payant les droits. (*Même décret, art. 29.*)

Les sels seront réputés devoir entrer dans la consommation, et, comme tels, soumis au paiement du droit, s'ils n'ont été employés à la première ou à la seconde pêche, depuis leur mise en entrepôt. (*Art. 30.*)

Les sels expédiés pour les salaisons en mer, qui n'y auront point été employés, pourront, à leur retour, être rétablis dans l'entrepôt, après vérification exacte des quantités, et y rester jusqu'aux expéditions pour la pêche de l'année suivante. (*Art. 31.*)

Les sels qui, à cette époque, ne seront pas réexpédiés pour la pêche, acquitteront les droits. (*Même article.*)

Les sels employés pour les salaisons destinées aux approvisionnemens des colonies et de la marine, seront déposés dans des magasins fermés à deux clefs, dont l'une restera entre les mains des préposés des douanes, qui enregistreront les quantités entreposées et en surveilleront l'emploi. (*Article 32.*)

On ne pourra employer pour les salaisons faites en mer ou à terre, que la quantité de sel nécessaire à la conservation du poisson. (*Art. 33.*)

Les barils de poissons salés seront ouverts, et s'ils contiennent du sel superflu, il sera jeté comme immonde. (*Art. 34.*)

Les mêmes vérifications auront lieu pour les poissons salés qui seront apportés de l'étranger. (*Art. 35.*)

Pêche des sardines, maquereaux et autres poissons dont les salaisons se font à terre, ou qui sont salés en mer pour être consommés en vert.

Aucun atelier de salaison de sardines et autres poissons

qui se renferment et se pressent dans des barriques ou barils, ne pourra être établi sans une déclaration préalable au bureau des douanes le plus prochain. (*Décret du* 11 *juin*, *art* 36.)

Tout propriétaire d'ateliers, qui en aura fait la déclaration, pourra lever aux marais salans, sous acquits-à-caution suffisamment garantis, le sel dont il présumera avoir besoin pour ses salaisons. (*Art.* 38.)

A l'arrivée au bureau de destination, après vérification et soumission faite et cautionnée, il sera tenu de justifier de l'emploi du sel en salaisons, dans les proportions qui seront déterminées, ou de payer le droit de deux décimes par kilogramme ; il lui sera permis d'entreposer ce sel dans son magasin particulier. (*Art.* 39.)

Les propriétaires ou locataires d'ateliers seront tenus de les ouvrir, ainsi que leurs magasins de sel, à toute réquisition des préposés des douanes, afin qu'ils puissent reconnaitre les quantités de salaisons faites et celles de sels non employées. (*Art.* 41.)

Afin de prévenir les doubles emplois qui pourraient être faits de barriques ou barils de poisson pressé ou anchoité, ils seront marqués aux deux bouts et sur le bouge. (*Art.* 42.)

Si, à l'expiration de la saison où se fait la pêche, des sels restent en magasin, le propriétaire pourra les réserver pour l'année suivante, en fournissant une nouvelle soumission pour la quantité non employée. (*Art.* 44.)

Tout propriétaire ou maître de chasse-marée ou chaloupe qui voudra faire salaison et commerce de sardines, merluches ou tout autre poisson qui se sale en mer et qui est destiné à être consommé en vert, devra se faire inscrire au bureau des douanes le plus prochain ; le certificat de cette inscription lui sera délivré à ses frais, qui seront ceux du timbre seulement. (*Art.* 47.)

Sur la représentation de ce certificat, par le maître, aux préposés des douanes établis près les marais salans ou entrepôts, ils lui délivreront un permis pour lever le sel qu'il jugera lui être nécessaire, et qui ne pourra cependant excéder la quantité de cent-cinquante kilogrammes, par tonneau de contenance de son embarcation, soumission préalablement faite de justifier de l'emploi de ce sel en salaison de poisson. (*Art.* 48.)

Lorsqu'après avoir pris son chargement de poisson et l'avoir salé, il abordera dans un port pour le vendre, il sera tenu, avant de commencer son déchargement, de fournir à la douane une déclaration de la quantité de poissons salés qu'il apporte, du sel neuf qui lui reste, et de représenter l'acquit-à-caution qui lui aura été délivré à son départ pour la pêche. (*Art.* 49.)

Si ayant du sel à son bord, il déclare ne point vouloir continuer la pêche, il pourra vendre son sel pour la consommation en acquittant les droits. (*Art.* 55.)

Il sera accordé, pour les salaisons ci-dessus désignées qui se feront, soit à terre, soit en mer, une quantité de sel proportionnée à celle des poissons salés qui seront représentés, suivant l'espèce du poisson et l'usage constamment suivi dans les lieux où se feront lesdites salaisons. (*Art.* 56.)

Le compte à faire entre l'administration des douanes et les propriétaires des ateliers de salaisons qui ont entreposé des sels en vertu de l'article 39 du décret du 11 juin, est provisoirement réglé dans les proportions ci-après :

Il sera alloué par chaque quintal métrique de *hareng blanc* salé qui sera représenté, vingt-cinq kilogrammes de sel ;

Par chaque quintal métrique de *hareng saur*, quinze kilogrammes ;

Par chaque quintal métrique de *maquereau*, vingt-cinq kilogrammes ;

Et par chaque quintal métrique de *sardines*, soixante-quinze kilogrammes dans les ports de l'Océan, et quarante kilogrammes dans les ports de la Méditerranée. (*Décision du* 17 *mars* 1807.)

L'exemption des droits sur les sels employés à la salaison du *hareng* dans les proportions déterminées ci-dessus, cessera chaque année, savoir : pour le port de Dieppe au 1er janvier, et pour les autres ports où se fait la salaison de ce poisson, au 1er février. (*Décision du* 15 *décembre suivant.*)

Sels exportés à l'étranger.

Il n'y aura pas lieu au paiement du droit, mais seulement à l'acquit du droit ordinaire de balance du commerce et de timbre du congé, pour les sels destinés pour l'étranger. (*Loi du* 24 *avril* 1806, *tit.* 7, *art.* 54.)

Sels marins provenant de la fabrication du salpêtre.

Le droit de deux décimes par kilogramme, est perceptible sur le sel marin provenant du salpêtre brut fabriqué par les salpêtriers, sur le pied de deux kilogrammes et demi de sel par chaque cent kilogrammes de salpêtre brut fabriqué. (*Décret du* 16 *février* 1807, *art.* 1er.)

Sur les sels provenant tant du salpêtre brut de la fabrication de l'administration des poudres, que du salpêtre pur provenant de son exploitation et raffinage, à raison de deux kilogrammes et demi de sel par cent kilogrammes de salpêtre brut, et de quinze kilogrammes de sel par cent kilogrammes de salpêtre raffiné. (*Même décret*, *art.* 3.)

Le droit pourra être acquitté en numéraire ou obligations, selon que la somme à payer sera au-dessus ou au-dessous de six cents francs. (*Art.* 4.)

Les salpêtriers qui s'établiront à l'avenir, seront tenus d'en faire la déclaration, conformément à l'article 51 de la loi du 24 avril. (*Art.* 5.)

Si les sels provenant de la fabrication ou raffinage du salpêtre, sont de mauvaise qualité et hors d'état d'entrer dans le commerce, les administrateurs des poudres et les salpêtriers pourront obtenir la décharge du droit, en les faisant submerger, après en avoir constaté le poids, le tout en présence des préposés, qui en dresseront procès-verbal. (*Art.* 6.)

L'exercice des nitreries impériales ou particulières établies dans les trois lieues des côtes et les quatre lieues des frontières de terre, est attribué à l'administration des douanes. (*Décision du* 2 *juin* 1807.)

Entreposeurs et magasiniers de sel.

Sont réputés entreposeurs et magasiniers, les particuliers chez lesquels il a été inventorié des quantités de sel excédant les approvisionnemens de famille exceptés par l'article 5 du décret du 27 mars 1806. (*Décret du* 1er. *juin* 1807, *art.* 1er.)

La disposition de l'article 59 du réglement du 11 juin 1806, qui détermine le taux des approvisionnemens de famille pour les marchands et les débitans de sel (50 kilogrammes), est déclarée applicable aux entreposeurs et magasiniers. (*Art.* 2.)

Départemens au-delà des Alpes.

La vente du sel continuera d'être faite dans ces départemens, au profit de l'État, par la régie établie dans le ci-devant Piémont. (*Loi du* 24 *avril* 1806, *tit.* 7, *art.* 50.)

Tout fournisseur ou capitaine qui aura levé dans les marais salans, sous acquits-à-caution, des sels destinés pour l'un des ports situés dans les départemens soumis au privilége de la régie, et qui ne représentera pas, à l'arrivée, la quantité de sel portée dans l'acquit-à-caution, déduction faite du déchet de cinq pour cent accordé par l'article 12 du décret du 11 juin 1806, sera condamné au paiement du double droit sur les quantités manquantes, et, en outre, à une amende qui ne pourra être au-dessous de cinquante francs, ni excéder cinq cents francs.

Néanmoins il n'est pas dérogé à l'article 13 du même

décret du 11 juin, concernant les avaries légalement constatées. (*Décret du* 11 *janvier* 1808.)

La régie a été chargée d'établir à portée des différens points des côtes de la ci-devant Ligurie, les magasins de sels nécessaires aux approvisionnemens des pêches et salaisons maritimes, ainsi que pour les salaisons destinées aux approvisionnemens de la marine et des colonies. (*Décret du* 23 *avril* 1807, *art.* 1er.)

Ces sels jouiront de l'entrepôt, sous la surveillance des agens des douanes, et ne seront soumis à aucun droit. (*Art.* 2.)

Les pêcheurs et saleurs de ces départemens, ainsi que les entrepreneurs des salaisons destinées aux approvisionnemens de la marine et des colonies, recevront auxdits entrepôts, les sels qui seront reconnus nécessaires à leur commerce. (*Art.* 3.)

Toutes les dispositions des titres 3 et 4 du décret du 11 juin, auxquelles il n'est pas dérogé, seront suivies en ce qui concerne l'emploi des sels délivrés et la surveillance des douanes, ainsi que les peines à encourir par les contrevenans. (*Art.* 4.)

L'exécution du décret du 16 février 1807, qui ordonne la perception d'un droit de deux décimes par kilogramme sur les sels marins provenant de la fabrication du salpêtre, ne pouvant se concilier avec la décision impériale du 12 décembre 1806, portant que cette espèce de sels sera livrée à la régie des sels et tabacs, à raison de 16 centimes par kilogramme, le ministre a décidé, le 4 décembre 1807, que ce décret ne devait point recevoir son application dans les départemens soumis au privilége de la régie.

FIN.

TABLE
DES MATIÈRES.

COMMERCE FRANÇAIS *au-delà du Cap de Bonne-Espérance.*

ARTICLES COMMUNS *à l'entrée et à la sortie.*

ENTREPÔTS.

FIN DE LA TABLE.

On trouve chez les mêmes libraires les ouvrages ci-après :

Dictionnaire de la Législation des droits de Douane, suivi d'un État topographique des Bureaux, y compris ceux établis pour les Sels, par M. Magnien, administrateur des douanes : 2e. édit., 1 vol. in-8°. Prix, 5 francs, et 6 francs 50 cent., *franc* de port.

Code raisonné de Navigation, ou Législation nouvelle de la Navigation dans ses rapports avec les Douanes, par M. Devaux : 1 vol. in-8°. Prix, 3 francs, et 4 francs, *franc* de port.

Code des Douanes de l'Empire Français, depuis le mois de novembre 1790 jusqu'en juin 1806, par M. Magnier-Grandprez, 2 vol. in-8°. Prix, 12 francs, et 16 fr., *franc* de port.

Code de Commerce, collationné pour le texte sur l'édition officielle de l'imprimerie impériale, précédé des discours de MM. les orateurs du Conseil d'état, et suivi d'une table des chapitres et raisonnée des matières : on y a joint le texte des articles du Code Napoléon et du Code de Procédure civiles, les formes de procéder devant les Tribunaux de commerce et les Cours d'appel : 1 vol. in-8°. Prix, 3 fr., et 4 fr., *franc* de port.

Le même, 1 vol. in-18°. Prix, 1 fr. 50 cent., et 2 francs, *franc* de port.

www.ingramcontent.com/pod-product-compliance
Ingram Content Group UK Ltd.
Pitfield, Milton Keynes, MK11 3LW, UK
UKHW031918260826
14628UKWH00003B/1269

9 782329 405773